みんなにあげたい

おめかしクッキーの本

下迫綾美

シンプルなクッキーを、砂糖でおめかししたら…
見てかわいい、食べて幸せな、スペシャルクッキーが完成しました！

形と色の組み合わせで、好きなモチーフを表現するのは、とっても楽しいこと。
本書では、誰でも作れる簡単なものから、「おっ」と目を引く凝ったものまで、
様々なクッキーを紹介しています。

まずは、Chapter 1で紹介するアイシングで好きな色を作り、
クッキーにお絵描きしてみて。カラフルでポップな柄に、自然と心がときめくでしょう。
そして、もっともっと自慢したくなったら、Chapter 2のプチシュガークラフトにチャレンジ！
少しコツがいりますが、ぐっと本格的な仕上がりになります。

出来上がったクッキーは、記念日のプレゼントに最適。
Chapter 3には、簡単なラッピング方法なども盛り込みました。

「 これ、手作りなの？ 全部、食べられるの？ 」

みんなのびっくりする顔が目に浮かぶよう。

慣れてきたら、今度は自由な発想で、
あなたなりのオリジナルクッキーをデザインしてくださいね。
それでは、さっそくアイシング＆プチシュガークラフトで遊びましょう！

下迫綾美

Chapter 1

Icing Cookies
アイシングクッキー

photo		recipe	level
8	Circle 丸で遊ぼう	36	● ○ ○
10	Teatime お茶会	36	● ● ○
11	Dog & Cat 着せ替えドッグ＆キャット	37	● ○ ○
12	Alice in Wonderland 不思議の国のアリス	39	● ● ●
13	Cinderella シンデレラ	40	● ● ○
14	Lollipop ロリポップ	41	● ○ ○
15	Button ボタン	42	● ○ ○
16	Alphabet アルファベット	42	● ● ●
17	Fruit フルーツ	44	● ○ ○
18	A White World 白いレースの世界	45	● ● ○

基本の作り方

- 21　基本のクッキーの作り方
- 22　アイシングの道具と材料
- 22　アイシングの作り方
- 24　色のつけ方
- 26　コルネの作り方
- 27　口金の使い方
- 28　コルネの絞り方
- 30　口金の絞り方
- 31　デコレーション材料
- 32　アイシングの塗り方
- 33　アイシングパーツの作り方
- 33　アイシングが余ったら…
- 34　本書で使っている型紙

Chapter 2

Petit Sugarcrafts
プチシュガークラフト

46	Birthday 誕生日	64	● ● ○
48	Ballerina バレリーナ	65	● ● ○
49	Baby ベビー	66	● ● ○
50	Rose バラ	66	● ● ●
51	Ribbon リボン	68	● ● ●
52	Spring 春	69	● ● ●
53	Sweets スイーツ	69	● ● ○

基本の作り方

- 55　シュガークラフトの道具
- 56　シュガークラフトの材料
- 56　シュガーペーストの作り方
- 57　色のつけ方
- 57　シュガーペーストの成形の仕方
- 58　シュガークラフトパーツの作り方
- 61　シュガーペーストが余ったら…

Chapter 3

Twelve Months of Cookies
12カ月のアイシングクッキー&
プチシュガークラフト

level

- ●○○ 初級・簡単なモチーフ
- ●●○ 中級・少しコツがいるモチーフ
- ●●● 上級・複雑なモチーフ

本書では、難易度を
上記の3段階で表示しています。
作る際の目安にしましょう。

○ 本書の使い方

色と分量について
アイシングは、いわばクッキーをキャンバスにしたお絵描きです。絵を描くときに絵の具を自由に使うように、アイシングも作りたいモチーフに合わせて、好きな色を好きな分量使います。本書では、よりアイシングの楽しみ方が伝わるよう、色や分量を示していますが、あくまで目安です。好みに応じて調節してください。

アイシングの固さについて
本書では、アイシングの固さの目安として、[固め][中間][ゆるめ]の3種類を紹介していますが、作業しやすいように適宜微調整してください。

作業環境について
アイシングクッキーやシュガークラフトは、食べられるものなので、清潔な台の上で作業するようにしてください。特にシュガークラフトの作業は、手で触れる工程が多く、ほこりやゴミがつきやすいので気をつけましょう。

乾燥時間について
アイシングの乾燥時間の目安は、クッキーの表面全体に塗った場合は半日以上、細かな模様などの場合は数時間です。塗る範囲や、作業環境の湿度や温度によって変わってくるので、次の工程にいく前にそっと手で触って確認してください。プチシュガークラフトの乾燥時間の目安は、小さいものは数時間、大きいものは半日以上です。アイシングと同様に条件によって変わってくるので、そっと手で触って確認してください。

食べるときの注意
シュガーペーストは乾くと固くなります。食べるときは一気に噛まないようにしましょう。

		recipe	level
January	New Year's Day 正月	72	●○○
February	St.Valentine's Day バレンタイン	74	●○○
March	The Doll's Festival ひな祭り	76	●●●
April	Easter イースター	78	●●○
May	Mother's Day 母の日	80	●●●
June	June Bride ジューンブライド	82	●●○
July	The Star Festival 七夕	84	●○○
August	The Sea 海	86	●●○
September	Moon Viewing お月見	88	●●○
October	Halloween ハロウィン	90	●●○
November	The Forest 森の贈り物	92	●●○
December	Christmas クリスマス	94	●○○

Chapter 1
Icing Cookies

アイシングクッキー

粉糖と卵白を混ぜ合わせて作るアイシング。
色をつけて、コルネに入れて…、
クッキーに絵や文字を描いていきましょう。
ドットやお花、ハートなど、
簡単な模様を組み合わせれば、
様々な表現が出来て、楽しさも倍に！

Circle
丸で遊ぼう
recipe_P36

Teatime
お茶会
recipe_P36

Dog & Cat
着せ替えドッグ＆キャット
recipe_P37

Alice in Wonderland
不思議の国のアリス
recipe_P39

Cinderella
シンデレラ
recipe_P40

Lollipop
ロリポップ
recipe_P41

Button
ボタン
recipe_P42

Alphabet
アルファベット
recipe_P42

Fruit
フルーツ
recipe_P44

A White World
白いレースの世界
recipe_P45

アイシングクッキー
基本の作り方

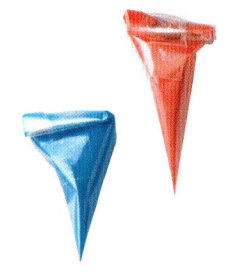

The Basics
of making Icing Cookies

∥ 基本のクッキーの作り方 ∥

アイシングの土台となるクッキーです。
色々な抜き型や型紙を使えば、描くものの幅がより広がります。

シンプルクッキー

○ ○ ○ ○ ○ ○ ○ ○ ○

材料 約21cm×21cm 2枚
無塩バター‥‥130g
粉砂糖‥‥80g
卵(Mサイズ)‥‥1個
薄力粉‥‥250g
打ち粉(強力粉)‥‥適量

準備
バターと卵は室温に戻し、薄力粉はふるっておく。

○ ココアクッキー
シンプルクッキーの材料
「薄力粉250g」を、
「薄力粉220g＋
ココアパウダー30g」に代え、
一緒にふるっておく。
作り方はシンプル
クッキーと同じ。

Point

・・・・・・・・・・・・・・・・・
生地を大きくのすと、抜き型で抜く際、時間が経ってやわらかくなってしまうことがあるので、21cm×21cm程度が作業しやすい。
・・・・・・・・・・・・・・・・・
オーブンの温度はガスオーブンを使用したときの目安。電気オーブンの場合は、焼き時間はそのままで温度を10℃上げる。
・・・・・・・・・・・・・・・・・
出来上がったクッキーは、湿気を含むと砕けやすくなるので、特に湿度が高い季節などは、シリカゲル(乾燥剤)と一緒に密閉容器に入れて保存する。

型紙の使い方 ● P35

1

バターをボウルに入れて、ゴムベラでなめらかになるまで練る。

2

粉砂糖を加えてなめらかになるまで混ぜ合わせる。

3

溶いた卵を少しずつ加え、その都度混ぜ合わせる。

4

薄力粉を1/3加えて混ぜ合わせ、8割がた混ざったら残りを2回に分けて加え、その都度さっくりと混ぜ合わせる。

5

ラップに包み、冷蔵庫で2時間以上寝かせる。

6

台に打ち粉をして生地の半分をおき、綿棒で3〜4mm厚さにのす。もう半分も同様にし、2枚分作る。

7

好みの抜き型に打ち粉をつける。

8

6の生地を抜き、オーブンシートを敷いた天板に並べる。生地がやわらかくて抜きにくい場合は、ラップをしていったん冷凍庫か冷蔵庫に入れて30分ほど固めるとよい。

複雑なクッキー型で抜く場合は、6でのした生地を、ラップをして冷凍してから、打ち粉をした台において、抜き型を押しつける。型に生地が入っている状態のまま天板におき、筆や箸などの先が丸くなっている棒で、細かい部分の生地を押しながら、ゆっくりと抜く。

9
160℃のオーブンで20〜25分焼く。抜き型が大きいときは長めに焼く。

‖ アイシングの道具と材料 ‖

本書で使っているアイシングの道具と材料です。

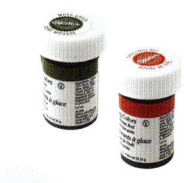  

色素
アイシングに色をつけるジェル状の色素。本書では、食用として認可されているWilton社のものを使用しています。

爪楊枝
模様を描くときや、指先では作業しにくい細かい工程で使います。

口金
立体的な模様を作るときに使います。種類によって違う形の絞りが出来ます。

絞り出し袋
口金からアイシングを絞り出すときに使います。洗って繰り返し使うポリエステル製のものと、使い捨てのビニール製のものがあります。

カップリング
絞り出し袋に口金をセットするときに使います。クリームが入った状態で、口金を簡単に交換することが出来ます。

OPPシート（厚手のセロファン）
アイシングを絞り出すコルネとして使います（作り方P26）。また、型紙をなぞってパーツを作るときに下に敷きます。パッケージ専門店で購入するか、ラッピング用に袋状になっているものを割いて使います。

パイピングジェル
塗ると光沢が出るジェル。そのままでも、色素で着色しても使えます。本書では、食用として認可されているWilton社のものを使用しています。

‖ アイシングの作り方 ‖

アイシングの作り方は、とても簡単。
最初に多めに作っておき、描きたいモチーフに合わせて固さや色を調節します。

アイシング

○ ○

材料 約250g
粉砂糖‥‥220g
卵白‥‥大さじ2(30g)

準備
粉砂糖をふるっておく。

○ 乾燥卵白を使う場合
材料「卵白大さじ2」を、「乾燥卵白5g＋水30ml」に代える。作り方は卵白を使う場合と同じ。

Point
‥‥‥‥‥‥‥‥‥‥
保存は冷蔵庫で2日間。

1

ボウルに粉砂糖と卵白を入れる。

2

ゴムベラでツヤが出るまでしっかりと練る。

3
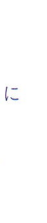

すくうとツノが立ってから、少しおじぎするように垂れる固さになったら出来上がり。

| 固さの調節 |

完成したアイシングは固めの状態です。
色をつけた後、描くものに応じてシロップで固さを3段階に調節します。

シロップ
○ ○ ○ ○ ○ ○ ○ ○

材料　作りやすい量
水‥‥50ml
グラニュー糖‥‥25g

材料を全て手鍋に入れ、グラニュー糖が完全に溶けるまで、時々混ぜながら中火にかける。

調整方法と固さの種類
○ ○ ○ ○ ○ ○ ○ ○ ○ ○ ○ ○ ○ ○ ○ ○ ○ ○ ○

［固め］をシロップで溶いて［中間］と［ゆるめ］を作る。

［固め］
持ち上げるとツノが立ち、少しおじぎをするように垂れる。

［中間］
すくうとかたまりでゆっくりと落ちて、表面に少し積もる。

［ゆるめ］
すくうとゆっくりと落ちて、4秒ほどで平らになる。

‖ 色のつけ方 ‖

アイシングそのものの色は白。描きたい絵に合わせて色をつけます。
作ったアイシングから必要な分量を小分けにし、それぞれに色素を混ぜていきましょう。

色をつける

○ ○ ○ ○ ○ ○ ○ ○

1

アイシングをボウルに入れ、爪楊枝で色素を少量加える。

Point
....
始めに
使用する色のアイシングを
全て作っておくと
作業しやすい。

2

ゴムベラで均一に混ぜる。好みの色になるまで繰り返し色素を少量ずつ加える。空気が入るとクッキーに塗ったときに気泡が出来てしまうので、空気が入らないように練り混ぜる。

3

時間が経つと色がやや濃くなるので、目指す色よりも少し薄い色になったら完成。

4

そのまま放置すると乾いてしまうので、密閉容器に移すかラップをして乾燥を防ぐ。

｜ 色素の組み合わせ表 ｜

本書で使っている色素は、12色です。
色を組み合わせれば、オリジナルカラーを作ることが出来ます。

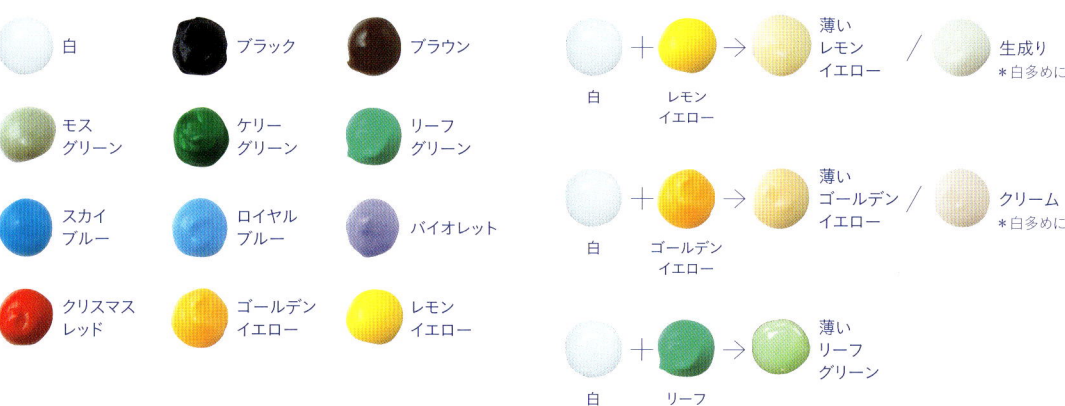

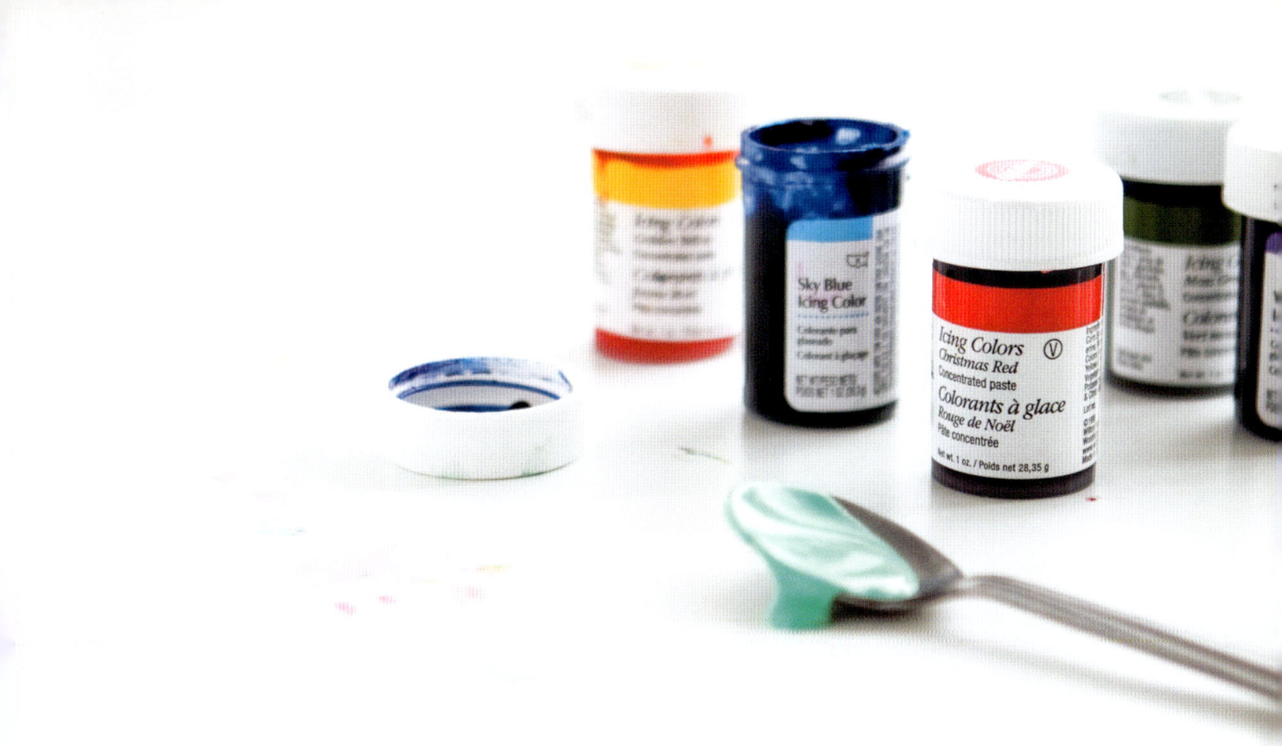

白 + クリスマスレッド → 濃いピンク *レッド多めに	/	ピンク	/	薄いピンク *白多めに	ゴールデンイエロー + クリスマスレッド → オレンジ	
白 + スカイブルー → 水色		白 + ロイヤルブルー → 薄いロイヤルブルー			白 + バイオレット → 薄いバイオレット	
白 + ケリーグリーン → 薄いケリーグリーン		スカイブルー + ケリーグリーン → 青緑				
リーフグリーン + ゴールデンイエロー → 濃い黄緑		白 + 濃い黄緑 → 黄緑				
ブラウン + ゴールデンイエロー → 黄土色		白 + ブラウン + ゴールデンイエロー → 薄茶 *白多めに				

Point

表の色は目安。

アイシングの色は、色素を少量ずつ混ぜて作るため、次にまったく同じ色を作るのは難しい。足りなくなることがないよう、多めに作っておくとよい。

他にも、色粉や天然色素などを使って色をつけることが可能。それぞれ発色が違うので、作品に合わせて選ぶとよい。

‖ コルネの作り方 ‖

アイシングは、細かい絵や模様を描くために、コルネに入れて使います。

コルネをつくる
○○○○○○○○○

1

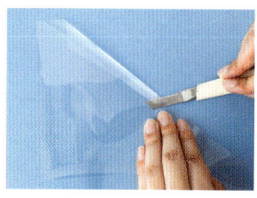

カッターを使ってOPPシートの対角線上を切る。

2

三角の頂点を上にして1を持ち、真下を左手で軽くつまむ。つまんだところを軸にして、円すい状に巻く。

3

巻き終わりをセロハンテープで止める。

コルネに
アイシングを入れる
○○○○○○○○○

1

Point
・・・・・・・・・・・・・・・・
アイシングを用意する際、少ししか使わないものでも、コルネから絞り出せる程度の量が最低限必要。

片手でコルネを持ち、アイシングを入れる。[ゆるめ]と[中間]のアイシングは、ゴムベラで垂らして入れる。

コップにコルネを立てかけて、ボウルから流し入れても。この場合、溢れないように注意。

1

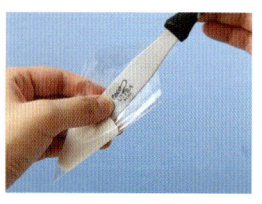

[固め]のアイシングは、パレットナイフなどに盛って入れる。コルネを持つ手の指で外側からはさみ、パレットナイフだけ抜く。

2

余った部分を、空気が入らないように折りたたむ。

3

最後にセロハンテープで止める。

4

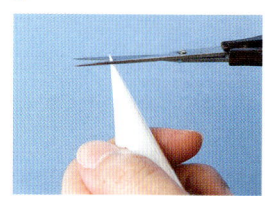

クッキーに絞る直前に、先端をハサミで切って絞り出し口を作る。切る場所によって、絞り出す太さを調節する。

‖ 口金の使い方 ‖

アイシングを絞り出す道具として、口金を使うこともあります。
カップリングを利用すると、取り外しが便利です。

絞り出し袋にアイシングを入れる

1
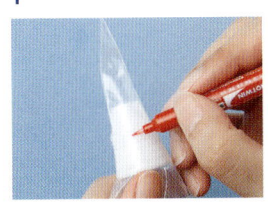
カップリングのリングを外して、絞り出し袋の先まで入れる。カップリングの先端から約6mm下がったところに印をつける。

2
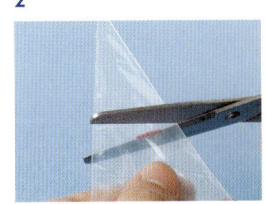
カップリングを一旦取り出し、印をつけた部分をハサミで切る。

3

もう一度カップリングを入れて、口金を設置する。1で外したリングを口金の上からはめ、口金を固定する。

4
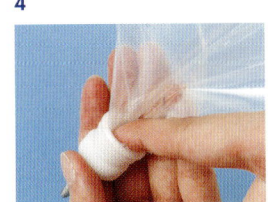
アイシングを入れるときに絞り出し口から垂れてこないよう、絞り出し袋をカップリングの中に押し込む。

5
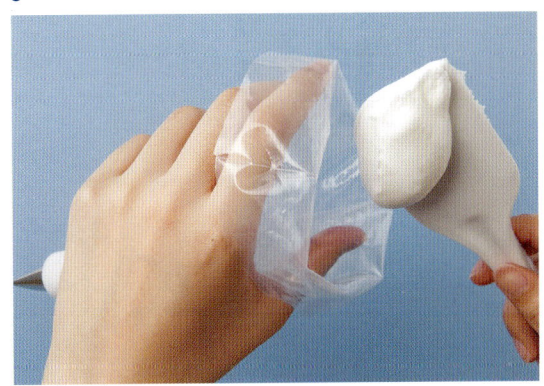
絞り出し袋を片手で持ち、端を手にかぶせるように折り返してから、ヘラを使ってアイシングを入れる。

Point

口金を交換するときは、カップリングから口金を外し、新しい口金を設置する。

カップリングを使わずに、絞り出し袋に直接口金を入れることも可能。ただし、口金を交換するときは、絞り出し袋ごと新しいものに換える。

アイシングを用意する際、少ししか使わないものでも、絞り出し袋から絞り出せる程度の量が最低限必要。

6
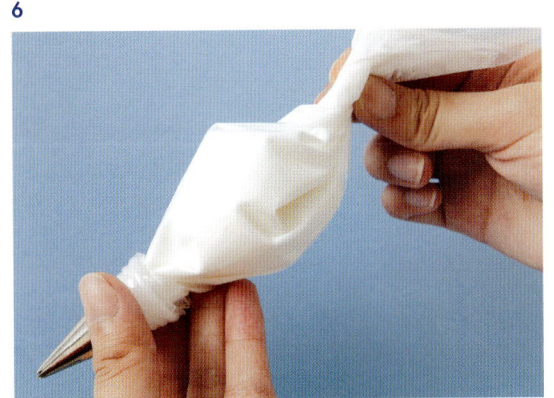
絞り出し袋の折り返し部分を元に戻し、ひねって口を閉じる。

‖ コルネの絞り方 ‖

コルネを使う基本の模様を覚えれば、あとは組み合わせ次第で様々な絵が描けます。

｜ 基本の模様の絞り方 ｜

アイシングの固さは、[固め]が適しています。

曲線

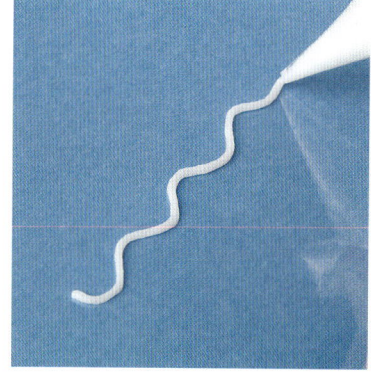

コルネを少し浮かせて絞り出しながら、ゆっくりと曲線を描く。

直線

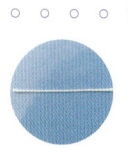
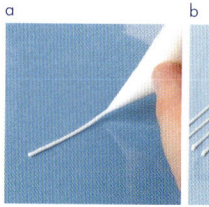
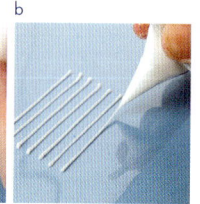

コルネを少し浮かせて絞り出しながら、ゆっくりと真っすぐに線を引く(a)。等間隔に引くと、ストライプ模様になる(b)。

シェル

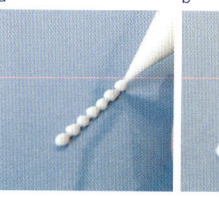
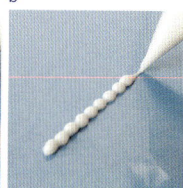

コルネを斜め45°にして、好みの大きさになるまで絞り出す(a)。絞る力を抜き進行方向に引く(b)。コルネを離さずにこれを繰り返す。

ドット

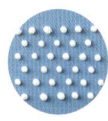

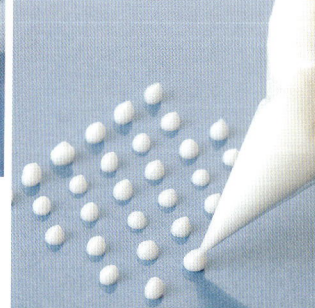

コルネを垂直に立てて絞り出し、好みの大きさになったら、絞る力を抜いて静かにコルネを離す(a)。等間隔に絞ると、ドット模様になる(b)。

Sライン

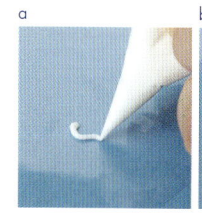
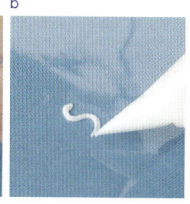

コルネを斜め45°にして、Sの字にアイシングを絞り出していく(a)。後半は次第に絞る力を抜いていき、最後はこすりつけるようする(b)。

| アイシングの上に重ねる模様 |

クッキーにアイシングを塗ってから、
乾かないうちに違う色で描きます。
アイシングの固さは、[ゆるめ]が適しています。

ストライプ
○ ○ ○ ○ ○

ストライプ模様を描く。

ドット
○ ○ ○ ○ ○

ドット模様を描く。

ハート
○ ○ ○ ○ ○

1　縁にいくつかドットを描く(a)。
2　すぐに、爪楊枝でドットの中心を断ち切りながら大きく円を描く(b)。

お花
○ ○ ○ ○ ○

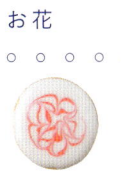 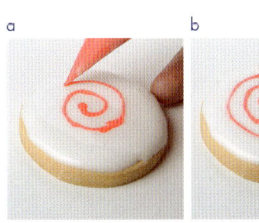

1　渦巻き模様を描く(a)。
2　すぐに、爪楊枝で渦巻きを断ち切るようにして花びらの輪郭を描く(b)。

矢羽根
○ ○ ○ ○ ○

1　ストライプ模様を描く(a)。
2　すぐに、ストライプに対して垂直に爪楊枝で線を引く。複数線を引くときは、交互に違う方向から引く(b)。

キャンディー
○ ○ ○ ○ ○ ○ ○ ○ ○ ○

  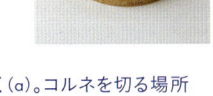   

1　カーブをつけた放射線を太めに描く(a)。コルネを切る場所を深めにすると、太い線が描ける。
2　すぐに、爪楊枝で放射線と逆回転に線を断ち切りながら円を描く(b)。
3　爪楊枝を持ち上げずに、円を内側から外側へ、1周ずつ徐々に大きくしながら描いていく。このとき、円は交互に逆回りにする(c)。

口金の絞り方

口金を使えば、立体的な模様を描いたり、パーツを作ったりすることができます。
口金の種類によって絞りの形が変わるので、作りたい模様に応じて使い分けて下さい。

口金の種類と模様やパーツの絞り方

アイシングの固さは[固め][中間]が適しています。

星口金　　バラ口金　　木の葉口金　　片目口金

シェル 星口金

a　　　　b

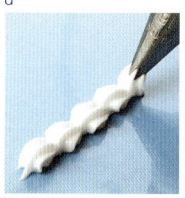 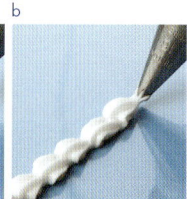

1　コルネを斜め45°にして、好みの大きさになるまで絞り出す(a)。
2　絞る力を抜いて進行方向に引く(b)。口金を離さずにこれを繰り返す。

5弁の花 バラ口金

a　　　　b

 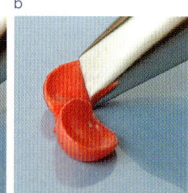

1　口金の先が丸くなっている方を下にあて、そこを軸として右方向に手首を返しながら1枚目の花びらを絞る(a)。
2　花びらの下に、再度口金の先を差し入れ、1と同様に絞る(b)。これを繰り返す(c)。花の芯は、コルネに入れたアイシングでドットを絞る(d)。

c　　　　d

葉っぱ 木の葉口金

a　　　　b

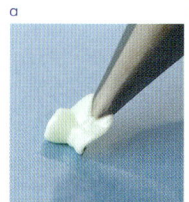 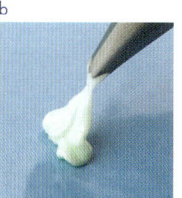

1　同じ場所にしばらく絞り出す(a)。
2　ひだがついたら、絞り出す力を抜いて、口金を上に引き上げる(b)。

パンジー　バラ口金
○ ○ ○ ○ ○ ○

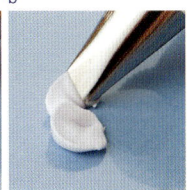
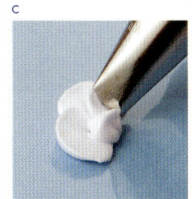
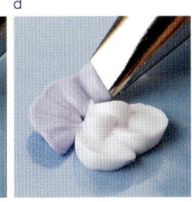

1　口金の先が丸くなっている方を下にあて、そこを軸として右方向に手首を返しながら1枚目の花びらを絞る(a)。
2　花びらの下に、再度口金の先を差し入れ、1と同様に絞る(b)。
3　2枚の花びらの上にのせるようにして、1-2と同様の方法で小さい花びらを2枚絞る。絞る力を弱めると小さい花びらができる(c)。
4　OPPシートを180°回転させ、上部の花びらの軸に再度口金の先をあて、そこを軸として右方向に手首を返しながら、大きめの波を描くように対向の花びらを一気に絞る(d)。花の芯はコルネに入れたアイシングでドットを絞る(e)。

バスケット　片目口金
○ ○ ○ ○ ○ ○

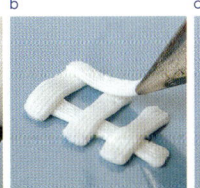
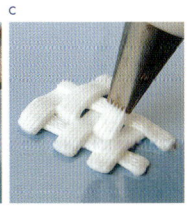

1　口金を少し浮かせて縦のラインを真っすぐ絞り、横のラインを1本分の間隔をあけて数本絞る(a)。
2　1の横のラインに少し重なるように縦のラインを絞る(b)。
3　2の隙間に、横のラインを長めに数本絞る(c)。
4　2-3の工程を繰り返す。

‖ デコレーション材料 ‖

アイシングのアクセントとして、本書では製菓材料店などで売っているデコレーション材料を利用しています。

アラザン

グラニュー糖

スプリンクル

カラーグラニュー糖

金箔シュガー

銀箔シュガー

‖ アイシングの塗り方 ‖

クッキーにアイシングを塗るときは、クッキーの形の複雑さに合わせて、3種類の方法を使い分けます。

丸などの シンプルな形に塗る
○ ○ ○ ○ ○ ○ ○ ○ ○

1

［ゆるめ］のアイシングを適量スプーンですくって、クッキーに落とす。

2

スプーンの背を使ってクッキーの表面全体に塗る。

花などのやや複雑な形に塗る
○ ○ ○ ○ ○ ○ ○ ○ ○ ○ ○ ○ ○ ○ ○

1

［ゆるめ］のアイシングをコルネに入れて、クッキーのアウトライン（輪郭）を引く。

2

アウトラインが乾かないうちに、そのまま内側を塗りつぶす。

レースなど 細かいエッジのある 形に塗る
○ ○ ○ ○ ○ ○ ○

1

［固め］のアイシングをコルネに入れて、クッキーのアウトライン（輪郭）を引く。絞り出し口が細くなるようにコルネの先端を切るとやりやすい。

2

［ゆるめ］のアイシングをコルネに入れて、内側を塗りつぶす。

‖ アイシングパーツの作り方 ‖

アイシングをクッキーの上ではなく、OPPシートの上に塗って乾かせば、パーツを作ることが出来ます。

アイシングパーツ
○ ○ ○ ○ ○ ○ ○ ○ ○

用意するもの
アイシング
[固め][ゆるめ]
OPPシート
型紙
セロハンテープ

Point
・・・・・・・・・・・・・・・・・・
出来たパーツは壊れやすいので取り扱いに注意。

1

型紙を台の上におき、動かないように端2カ所をセロハンテープで止める。その上にOPPシートをおく。複雑な絵を描くときは、動かないようにOPPシートもセロハンテープで止める。

2

[固め]のアイシングをコルネに入れて、型紙のアウトラインをなぞる。

3

[ゆるめ]のアイシングをコルネに入れて、内側を塗りつぶす。乾燥した場所において数時間乾かす。大きいパーツの場合はひと晩おいて乾かす。

アイシングが余ったら…

コルネに入れたアイシングは、2日以上おくと状態が悪くなってしまうので、作ったら早めに使い切ってしまうのが基本です。クッキーがなくなったときは、家にある市販のお菓子のデコレーションに使っても。鮮やかな色で飾れば、見慣れたお菓子もスペシャルスイーツに変身します。また、好きなパーツをたくさん作って保存しておけば、次回はクッキーにのせるだけで簡単におめかしクッキーを作ることが出来ます。

● ポストカードを使ってオリジナルパーツ作り

お気に入りのポストカードや切手などを、好きな大きさにコピー。その上にOPPシートを重ね、アイシングで絵をなぞります。

● 保存方法

多めに作ったパーツは、ビンなどの密閉できる容器に入れて、涼しい場所で保存します。食用にしなければ、何年ももちます。

● 市販のお菓子にデコレーション

おすすめは立体的なお菓子。[中間]の固さのアイシングなら、お菓子の形に沿ってとろりと垂れるので、キュートなフォルムを楽しめます。

本書で使っている型紙

好みの大きさに拡大コピーして利用してください。
本書では、125％拡大したものを使っています。

不思議の国のアリス
アイシングパーツ
○ ○ ○ ○ ○ ○ ○ ○ ○
● P12、39

着せ替え ドッグ＆キャット
アイシングパーツ
○ ○ ○ ○ ○ ○ ○ ○ ○
● P11、37

白いレースの世界
アイシングパーツ
○ ○ ○ ○ ○ ○ ○
● P18、45

森の贈り物 11月
クッキー
○ ○ ○ ○ ○ ○ ○ ○ ○
● P92

海 8月
クッキー
○ ○ ○ ○ ○ ○ ○ ○ ○
● P86

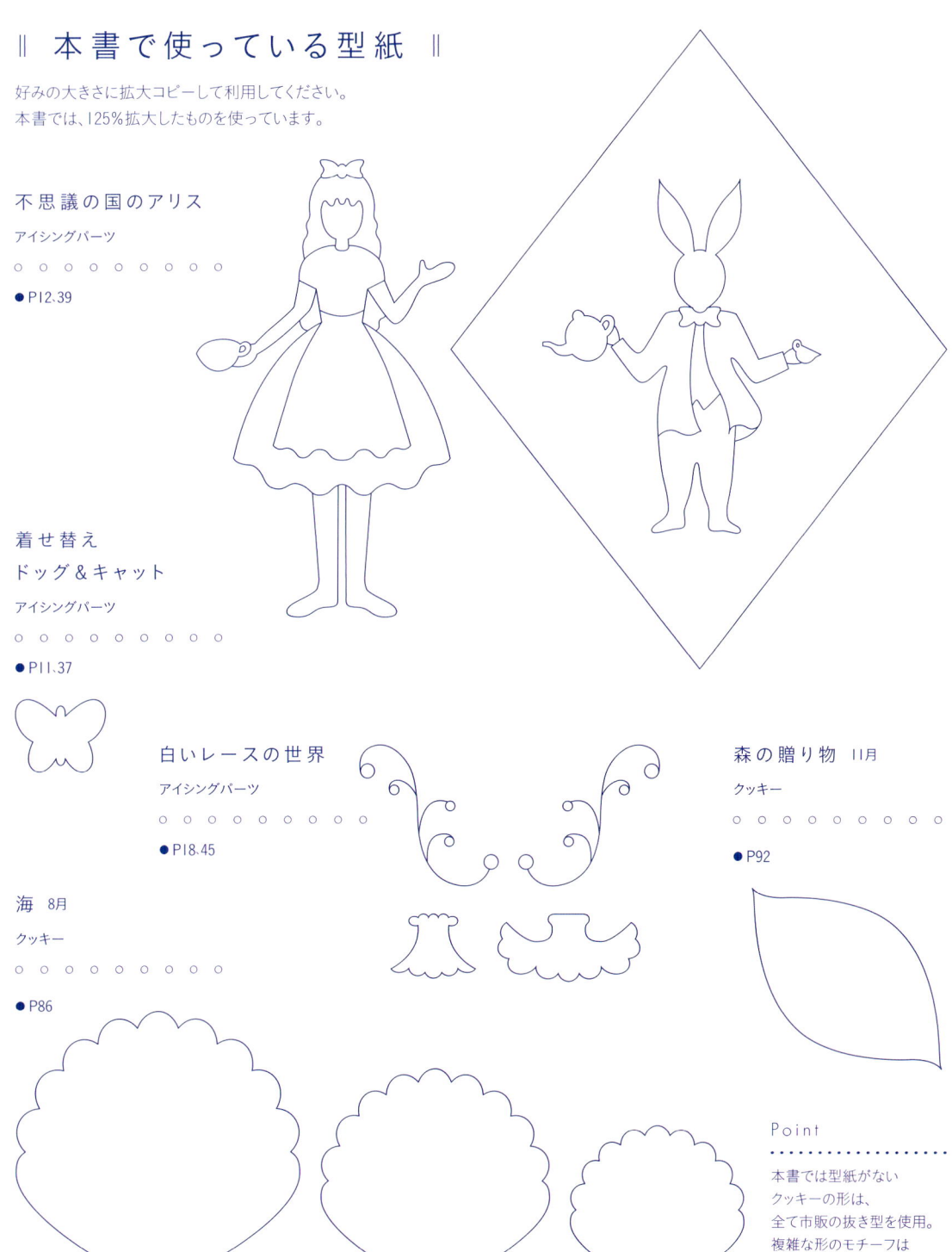

Point
本書では型紙がない
クッキーの形は、
全て市販の抜き型を使用。
複雑な形のモチーフは
ナイフで切るのが難しいので、
抜き型がおすすめ。

アルファベット

アイシングパーツ

○ ○ ○ ○ ○ ○ ○ ○

● P16.42

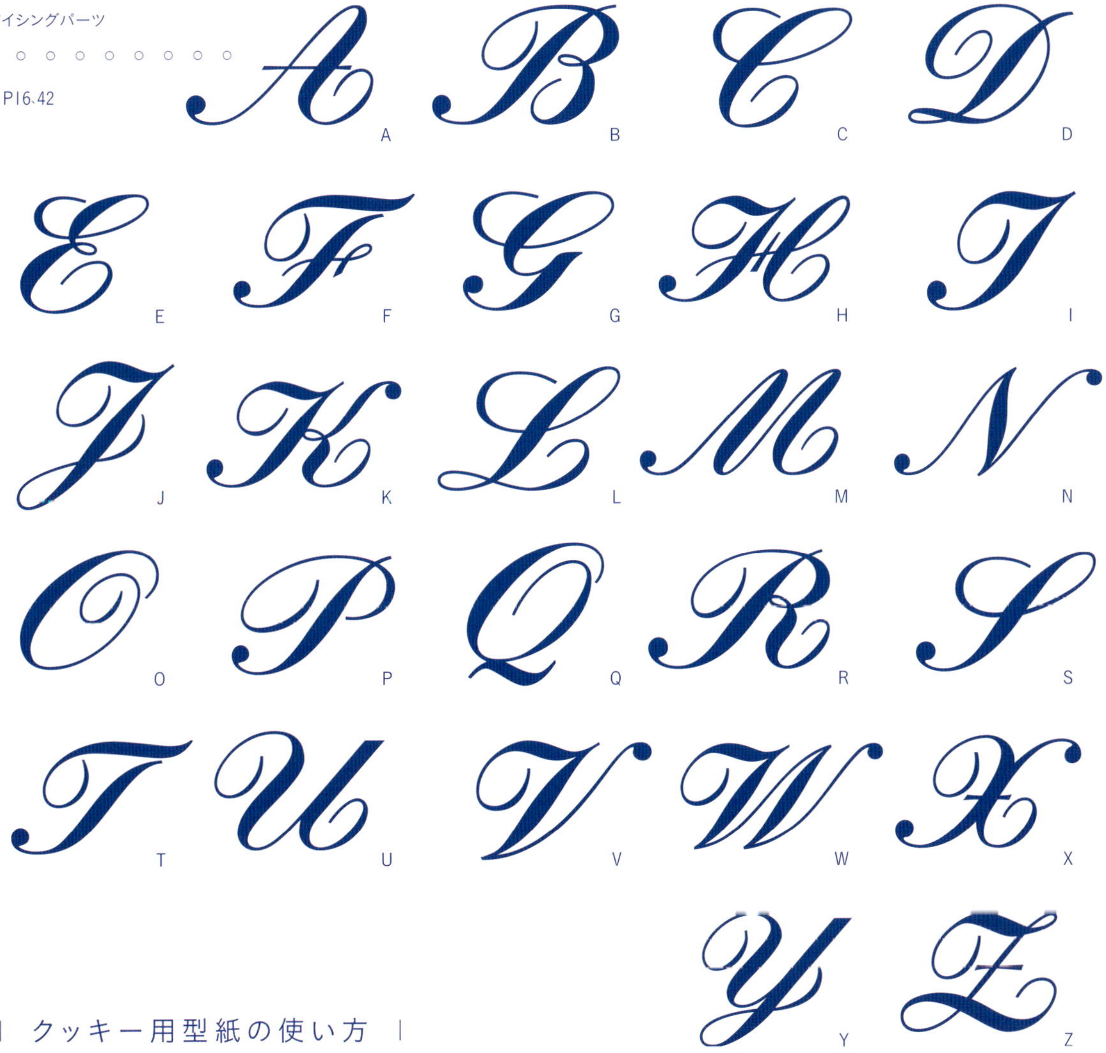

A B C D
E F G H I
J K L M N
O P Q R S
T U V W X
Y Z

| クッキー用型紙の使い方 |

ちょうどよい抜き型がない場合は、型紙を使って形を作ります。

1

型紙にプラスチックのシート（市販のクリアファイルなどが便利）をあてて、油性ペンで線を写す。

2

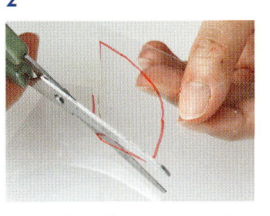

写した線に沿って、シートをハサミで切る。

3

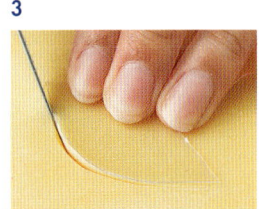

のしたクッキー生地に2をあてて、シートの形に沿ってナイフで切る。

クッキーの作り方 ● P21

ハッと目を引くビビッドな色で、楽しい模様遊び！

Circle ● ○ ○
丸で遊ぼう

photo_P8

材料
基本のクッキー ● P21（約21cm×21cm 2枚）
丸型で抜いたもの
アイシング ● P22（約250g）
　コーティング用［ゆるめ］
　　（好みの色 *1）‥‥約8割
　模様用［ゆるめ］（好みの色 *2）‥‥適量
デコ素材
　スプリンクル（好みの色 *3）‥‥適量

道具
スプーン、コルネ、爪楊枝

1　コーティング用アイシングを、スプーンを使ってクッキーに塗る。
2　1が乾かないうちに、模様用アイシングをコルネに入れて、好きな模様を描く。
● P29／ドット、矢羽根、お花、キャンディー。
3　1にスプリンクルをトッピングする（a）。

*1,2　写真は白、濃いピンク、スカイブルー、ブラウン、ブラック、クリスマスレッド
*3　写真はレッド、ピンク

a

甘いティーセットで、いつもより盛り上がる15時のおしゃべり

Teatime ● ● ○
お茶会

photo_P10

材料
基本のクッキー ● P21（約21cm×21cm 2枚）
ポット型、ティーカップ型で抜いたもの
アイシング ● P22（約250g）
　コーティング用［ゆるめ］（薄いピンク）‥‥約8割
　アウトライン用［固め］（薄いピンク）‥‥適量
　模様用［固め］［ゆるめ］
　　（スカイブルー）‥‥適量

道具
コルネ

1　アウトライン用アイシングをコルネに入れて、ポット型とティーカップ型クッキーのアウトラインを引き、コーティング用アイシングで内側を塗りつぶす。
2　1が乾いたら、模様用アイシング［固め］をコルネに入れて縁のラインを引き、ドットの模様を描く（a）。● P28
3　続けてハートのわくを描き、模様用アイシング［ゆるめ］をコルネに入れて、内側を塗りつぶす。
4　2で使った模様用アイシングでSラインを描く（b）。● P28

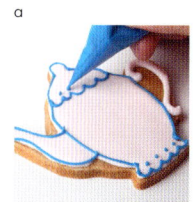
a

b

キラキラの服やリボンで、オトナかわいい着せ替えごっこ

Dog & Cat ●○○
着せ替えドッグ&キャット

photo_P11

材料

基本のクッキー ●P21 (約21cm×21cm 2枚)
| 犬型、猫型で抜いたもの

アイシング ●P22 (約250g)
| コーティング用[ゆるめ](白、ブラウン)‥‥約8割
| アウトライン用[固め](白、ブラウン)‥‥適量
| パーツ用[固め][ゆるめ](好みの色 *1)‥‥適量
| 接着用[固め]‥‥少量

デコ素材
| カラーシュガー(好みの色 *2)‥‥適量
| アラザン(好みの色 *3)‥‥適量

道具

コルネ、型紙 ●P34、OPPシート

1 型紙を使ってアイシングパーツ・蝶を作る。
● P33/3の工程で、乾かないうちにカラーシュガーを多めにふる(a)。
OPPシートを立てて余分なシュガーを落とす(b)。
2 1と同様に、アイシングパーツ・猫の首輪を作り、
乾かないうちにカラーシュガーをふり、鈴にみたてたアラザンをつける。
(首輪の型紙は、使っているクッキーの抜き型に合わせて作る)
3 1と同様に、アイシングパーツ・犬の服を作り、ひと晩おいて乾かす。
(服の型紙は、使っているクッキーの抜き型に合わせて作る)
4 アウトライン用アイシング(白)で、3の上に好きな模様を描く(c)。
乾かないうちにカラーシュガーを多めにふり(d)、OPPシートを立てて
余分なシュガーを落とす(e)。乾かないうちにアラザンの鈴をつける(f)。
5 アウトライン用アイシング(ブラウン)をコルネに入れて、
犬型クッキーのアウトラインを引き、コーティング用アイシング(ブラウン)を
コルネに入れて、内側を塗りつぶす。猫型クッキーも、
アウトライン用とコーティング用アイシング(白)で同様に塗る。
6 5が乾いたら、1-4のパーツの裏に接着用アイシングを塗り(g)、
それぞれのクッキーに接着する(h)。

*1 写真は白、薄いピンク、薄いバイオレット、薄いゴールデンイエロー
*2 写真は金箔シュガー、ピンク、パープル
*3 写真はピンク、パープル、イエローゴールド

a b
c d
e f
g h

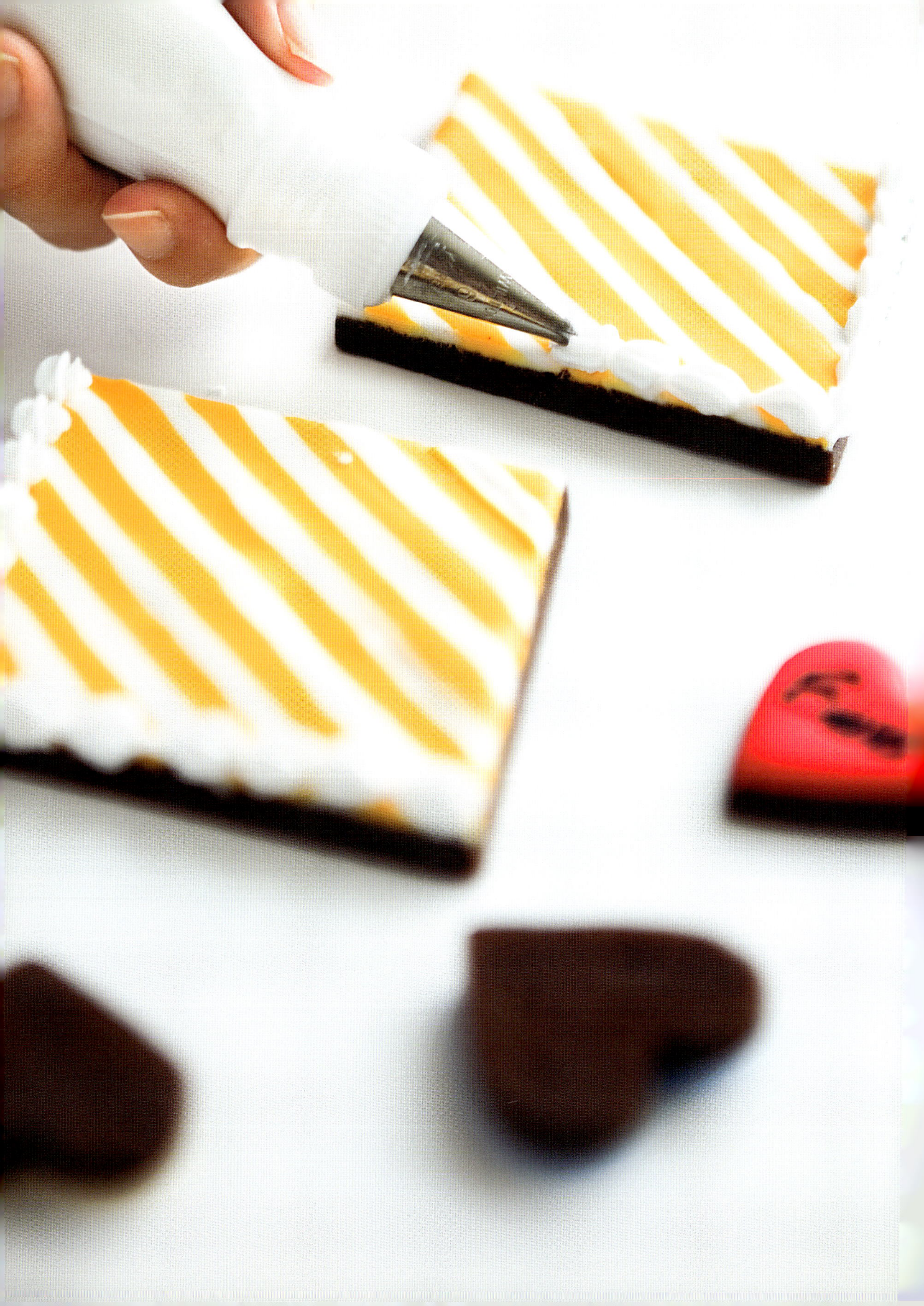

あわてんぼうのウサギが落とした、不思議の国への招待状

Alice in Wonderland ...
不思議の国のアリス

photo_P12

材料
基本のクッキー・ココア ● P21 (約21cm×21cm 2枚)
| ハート型、スペード型、クローバー型で抜いたもの
| ダイヤの型紙で切ったもの
アイシング ● P22 (約300g)
| コーティング用[ゆるめ] (白、ゴールデンイエロー、
| 濃いピンク、スカイブルー)‥‥約6割
| アウトライン用[固め] (白)…適量
| パーツ用[固め][ゆるめ] (好みの色 *1)…適量
| 縁どり用[固め] (白)‥‥適量
| 文字用[固め] (ブラック)‥‥適量
| 接着用[固め]‥‥少量

道具
コルネ、型紙●P34、
OPPシート、定規、ナイフ、
絞り出し袋、星口金

1 型紙を使ってアイシングパーツ・アリス、うさぎを作る。
● P33／肌や髪、服などで色を変えるときは、色が混ざらないように、一色ずつアイシング[固め]でアウトラインを引いてから、同じ色のアイシング[ゆるめ]で内側を塗りつぶす(a)。乾いたら、アイシング[固め]で好みの場所を縁どっても。ひと晩おいて乾かす。

2 ダイヤ型クッキーに、定規とナイフを使ってストライプの線を引く(b)。

3 2の線を、コルネに入れたアウトライン用アイシングでなぞり(c)、コーティング用アイシング(白)でストライプ模様になるように塗りつぶす。

4 コーティング用アイシング(ゴールデンイエロー)をコルネに入れて、ストライプ模様の塗られていない部分を塗りつぶす(d)。

5 4が乾く前に、はみ出たアイシングをナイフでそぎ落とす(e)。

6 縁どり用アイシングを星口金をつけた絞り出し袋に入れて、縁にシェルを絞る(f)。● P30 アイシングパーツとストライプのクッキーは、複数作って写真のように組み合わせるようにしても。

7 6が乾いたら、1のアリスとうさぎのパーツを置く場所にコルネで接着用アイシングを絞り、接着する。

8 コーティング用アイシング(ゴールデンイエロー)をコルネに入れて、ハート型クッキーのアウトラインを引いてから、内側を塗りつぶす。

9 8が乾いたら、文字用アイシングをコルネに入れて、文字を描く(g)。

10 クローバー型、スペード型クッキーも、8と同様にコーティング用アイシング(濃いピンク、スカイブルー)をそれぞれ塗る。

*1 写真は白、濃いピンク、薄いピンク、スカイブルー、水色、クリーム、ブラック

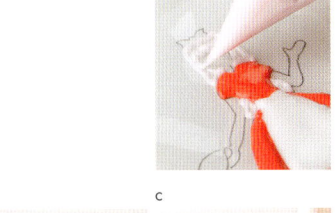

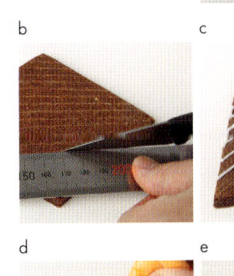

a

b c

d e

f g

王子様の愛は、12時を過ぎても消えない魔法

Cinderella ..。
シンデレラ

photo_P13

材料
基本のクッキー ● P21（約21cm×21cm 2枚）
| 丸型、シンデレラ型、王子型、蝶型で抜いたもの
アイシング ● P22（約250g）
| コーティング用［ゆるめ］（ブラウン、スカイブルー、好みの色 *1）‥‥約9割
| アウトライン用［固め］（ブラウン、スカイブルー、好みの色 *2）‥‥適量
| 模様用［中間］（濃いピンク、好みの色 *3）‥‥適量

道具
スプーン、コルネ

1　コーティング用アイシング（ブラウン）を、
スプーンを使って丸型クッキーに塗る。
2　アウトライン用アイシング（ブラウン）をコルネに入れて、
シンデレラ型、王子型クッキーのアウトラインを引き、コーティング用
アイシング（ブラウン）をコルネに入れて、内側を塗りつぶす。
このとき、シンデレラ型のクッキーのガラスの靴部分は塗らないでおく。
3　アウトライン用アイシング（スカイブルー）をコルネに入れて、
蝶型クッキーと、シンデレラ型クッキーの靴部分の
アウトラインを引き（a）、コーティング用アイシング（スカイブルー）を
コルネに入れて、それぞれ内側を塗りつぶす。
4　3のアウトライン用アイシング（スカイブルー）で、
蝶型クッキーの中心に線を描く（b）。
5　1が乾いたら、4のアイシングで、そのまま時計の針と数字を描く（c）。
6　模様用アイシングで、蝶の羽にドットを描く。
7　他の蝶型クッキーも、好みの色のアイシングで、
3-4、6と同じ要領で作る。

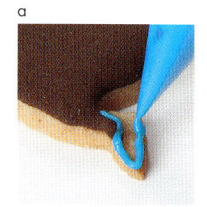

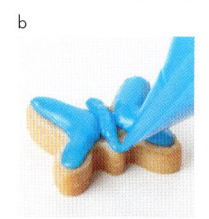

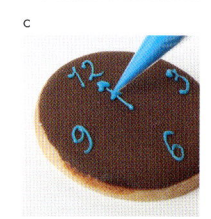

a

b

c

*1,2,3　写真は濃いピンク、オレンジ、リーフグリーン、スカイブルー

ガナッシュを挟んだクッキーを手に取れば、ポップな人形劇の始まり！

Lollipop ..｡
ロリポップ

photo_P14

材料

基本のクッキー ● P21 (約21cm×21cm 2枚)
お花(大・小)型、ハチ型、丸型で抜いたもの
アイシング ● P22 (約130g)
　コーティング用[ゆるめ](ゴールデンイエロー、白、
　薄いピンク、バイオレット、水色)‥‥約8割
　アウトライン用[固め](バイオレット、
　ゴールデンイエロー)‥‥適量
　模様用[ゆるめ](ブラウン、
　ゴールデンイエロー、水色)‥‥適量
　縁どり用[固め](薄いピンク)‥‥適量
　接着用[固め]‥‥少量
ガナッシュ(作りやすい分量)
　製菓用スイートチョコレート‥‥70g
　生クリーム‥‥100ml

道具

コルネ、スプーン、好みの棒

準備

○ ガナッシュを作る
1　チョコレートを細かく刻んでボウルに入れ、
50℃位の湯せんにかけて溶かす。
2　手鍋に生クリームを入れて中火にかけ、
沸騰したら1のボウルに回しかける。
ゴムベラで中心からゆっくりと混ぜ、なめらかな
クリーム状にする。常温で冷ます。

1　コーティング用アイシング(ゴールデンイエロー)を
コルネに入れて、ハチ型クッキーの胴体のアウトラインを引いてから、
内側を塗りつぶす。乾かないうちに模様用アイシング(ブラウン)を
コルネに入れて、ストライプを描く(a)。● P29
2　1が乾いたら、コーティング用アイシング(白)で同様に羽を塗り、
模様用アイシング(ゴールデンイエロー)でドットを描く。● P29
3　コーティング用アイシング(薄いピンク)をコルネに入れて、お花(大)型クッキーの
アウトラインを引いてから、内側を塗りつぶす。乾いたら、アウトライン用
アイシング(バイオレット)をコルネに入れて、芯の部分の丸を描いてから(b)、
コーティング用アイシング(バイオレット)をコルネに入れて、内側を塗りつぶす。
縁どり用アイシングをコルネに入れて、クッキーの輪郭を縁どる。
4　お花(小)型クッキーも3と同様に、コーティング用アイシング(水色)を塗り、
アウトライン用・コーティング用アイシング(ゴールデンイエロー)で芯を描く。
5　コーティング用アイシング(白)を、スプーンを使って丸型クッキーに塗る。
乾かないうちに模様用アイシング(水色)をコルネに入れて、ストライプを描く。
乾いたら、接着用アイシングをコルネに入れて4に絞り、接着する(c)。
6　アイシングしていない丸型クッキーにガナッシュを塗り、
棒を埋め(d)、5をのせて軽く押さえて接着する(e)。
2のハチ型、3のお花(大)型クッキーも同様に、ガナッシュや棒を挟む。

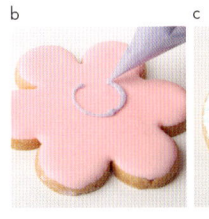

思わず服をリメイクしたくなる、ころりとキュートなボタンたち

Button ●○○
ボタン

photo_P15

材料

基本のクッキー ● P21（約21cm×21cm 2枚）
　花型、丸型で抜き、中心に
　竹串で2つ穴をあけて焼いたもの *1
アイシング ● P22（約250g）
　コーティング用［ゆるめ］
　　（好みの色 *2）････約8割
　アウトライン用［固め］
　　（好みの色 *3）････適量
　模様用［ゆるめ］［固め］
　　（好みの色 *4）････適量

道具
コルネ、爪楊枝

1　コーティング用アイシングをコルネに入れて、クッキーの穴を埋めないように気をつけながらアウトラインを引き、内側を塗りつぶす。穴が埋まってしまったら、爪楊枝で穴を通す。
2　1が乾かないうちに、模様用アイシング［ゆるめ］をコルネに入れて、好きな模様を描く。● P29／ハート。
3　1を模様をつけずに乾かし、アウトライン用アイシングで穴の部分にアウトラインを引いてから、中心部分を丸くかこむ(b)。かこみの内側を同じ色のコーティング用アイシングで塗りつぶす。模様用アイシング［固め］でクッキーの輪郭を縁どる。

*1　12分ほど焼いたところで一旦オーブンから取り出し、再度竹串で穴をあけるとキレイに仕上がる(a)。
*2,3,4　写真は濃いピンク、ロイヤルブルー、レモンイエロー、モスグリーン、白

a

b

ロマンチックなイニシャルクッキーは、特別なあの人にあげたい

Alphabet ●●●
アルファベット

photo_P16

材料

基本のクッキー・ココア ● P21（約21cm×21cm 2枚）
　丸型で抜いたもの
アイシング ● P22（約300g）
　コーティング用［ゆるめ］
　　（薄いピンク）････約8割
　パーツ用［固め］［ゆるめ］
　　（ブラウン）････適量
　模様用［ゆるめ］（ブラウン）････適量

道具
コルネ、型紙 ● P35、
OPPシート、スプーン

1　型紙を使ってアイシングパーツ・アルファベットを作る。
● P33／パーツ用アイシング［固め］でアウトラインを引く際、太い部分はアイシング［ゆるめ］で内側を塗りつぶし、細い部分はそのまま二重にラインを引く(a)。壊れやすいので、多めに作るとよい。
2　コーティング用アイシングを、スプーンを使ってクッキーに塗る。
3　2が乾かないうちに、模様用アイシングをコルネに入れて縁にドットを描き(b)、1のパーツをのせる。

a

b

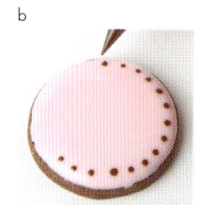

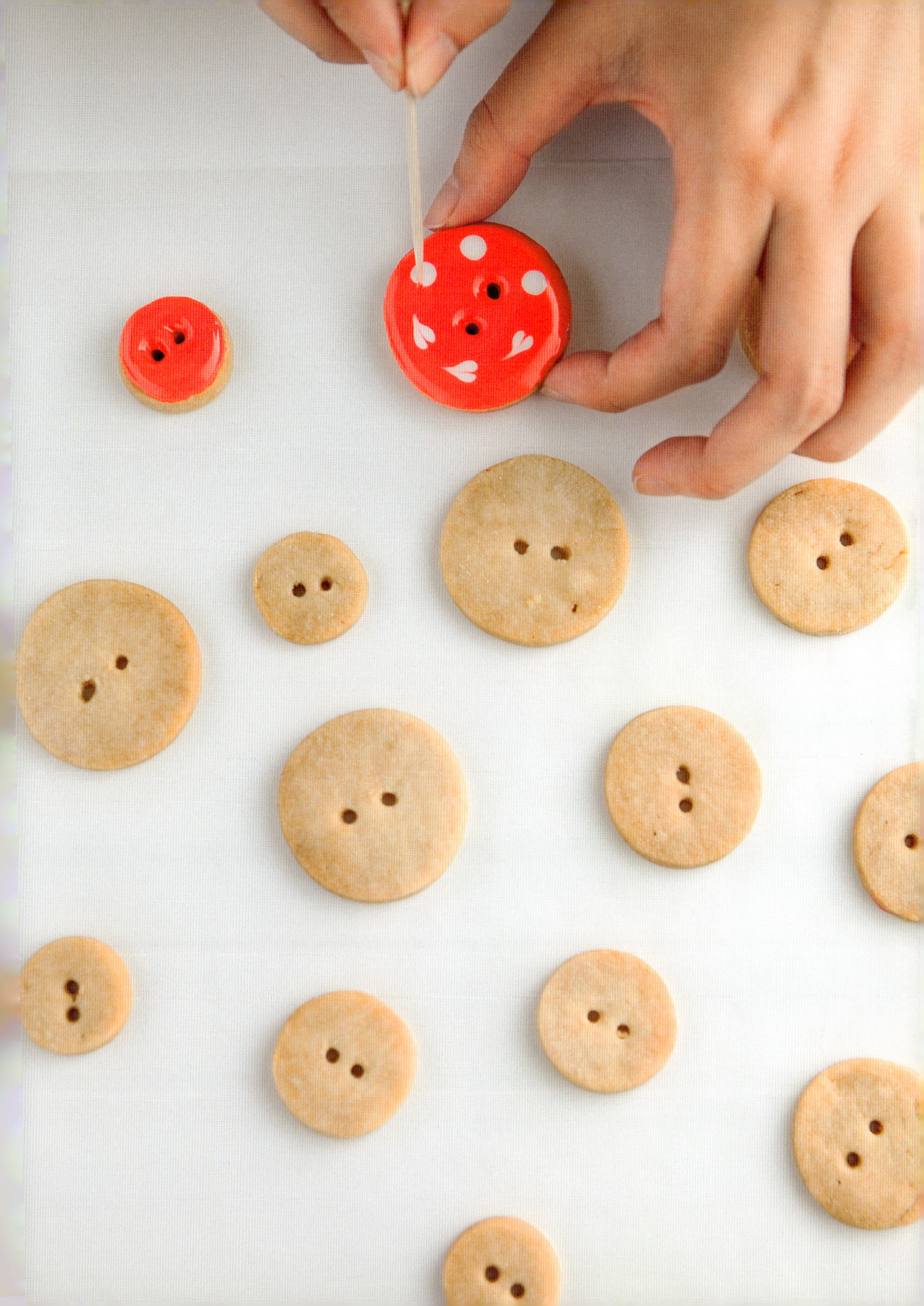

ビタミンカラーが元気な、もぎたてフルーツ！

Fruit.○○
フルーツ

photo_P17

材料
基本のクッキー●P21(約21cm×21cm 2枚)
| 丸型、いちご型、りんご型、洋なし型で抜いたもの
アイシング●P22(約250g)
| コーティング用[ゆるめ](レモンイエロー、
ケリーグリーン、濃いピンク、クリスマスレッド、ブラウン、
薄いケリーグリーン、薄いゴールデンイエロー)‥‥約9割
| 模様用[ゆるめ](白、ピンク)‥‥適量
デコ素材
| パイピングジェル

道具
スプーン、コルネ、爪楊枝

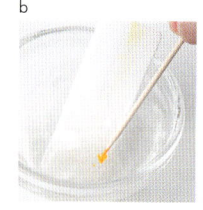

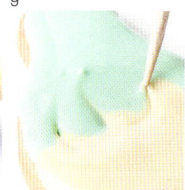

○レモン
1　コーティング用アイシング(レモンイエロー)を、スプーンを使ってクッキーに塗る。
乾かないうちに、模様用アイシング(白)をコルネに入れて、レモンの房の模様を描く(a)。
2　1が乾いたら、パイピングジェルにレモンイエローの色素をつけて(b)、
ハチミツを作る。コルネに入れて垂らすように塗る(c)。一晩おいて乾かす。
○いちご
1　コーティング用アイシング(ケリーグリーン)をコルネに入れて、
いちご型クッキーのへたの部分にアウトラインを引いてから、内側を塗りつぶす。
2　コーティング用アイシング(濃いピンク)で実の部分を1と同様に塗り、
乾かないうちに、模様用アイシング(ピンク)をコルネに入れて、ドット模様を描く。●P29
○りんご
1　コーティング用アイシング(クリスマスレッド)をコルネに入れて、
りんご型クッキーにアウトラインを引いてから、内側を塗りつぶす。
乾かないうちに、模様用アイシング(白)をコルネに入れて、りんごの照りを描く(d)。
2　コーティング用アイシング(ブラウン)をコルネに入れて、
軸の部分のアウトラインを引いてから、内側を塗りつぶす。
コーティング用アイシング(ケリーグリーン)で葉の部分も同様に塗る。
○洋なし
1　コーティング用アイシング(薄いケリーグリーン)をコルネに入れて、洋なし型
クッキーの上の部分のアウトラインを引き、内側を塗りつぶす(e)。コーティング用
アイシング(薄いゴールデンイエロー)をコルネに入れて、下の部分も同様に塗る(f)。
乾かないうちに、爪楊枝を下から上へ動かして、模様をつける(g)。
2　コーティング用アイシング(ブラウン)をコルネに入れて、
軸の部分のアウトラインを引き、内側を塗りつぶす。

繊細なレースで埋め尽くされた、純白の世界

A White World ..。
白いレースの世界

photo_P18

材料

基本のクッキー●P21(約21cm×21cm 2枚)
菊型、花型で抜いたあと、ストローや小さな抜き型で
リボンを通す穴や模様をあけたもの(a)

アイシング●P22(約250g)
コーティング用[ゆるめ](白または生成り)‥‥約8割
アウトライン用[固め](白または生成り)‥‥適量
パーツ用[中間](白または生成り)‥‥適量
模様用[中間][固め](白または生成り)‥‥適量
接着用[固め]‥‥少量

道具

コルネ、型紙●P34、OPPシート

1　型紙を使ってアイシングパーツ・レース模様を作る。
●P33/ラインが細い部分は、壊れにくくするために二重に絞る(b)。
2　アウトライン用アイシングをコルネに入れて、菊型クッキーに
アウトラインを引き、コーティング用アイシングをコルネに入れて、
内側を塗りつぶす。他のクッキーも同様に塗る。
3　2が乾いたら、模様用アイシング[中間]をコルネに入れて、
それぞれのクッキーに好きな模様を描く(c)。
●P28/ドット、シェル(1個分で止める)(d)。
4　模様用アイシング[固め]をコルネに入れて、
3の模様と組み合わせて模様を描く(e)。
5　接着用アイシングをコルネに入れて、1のパーツに絞り(f)、
3と4の好みの場所に接着する(g)。

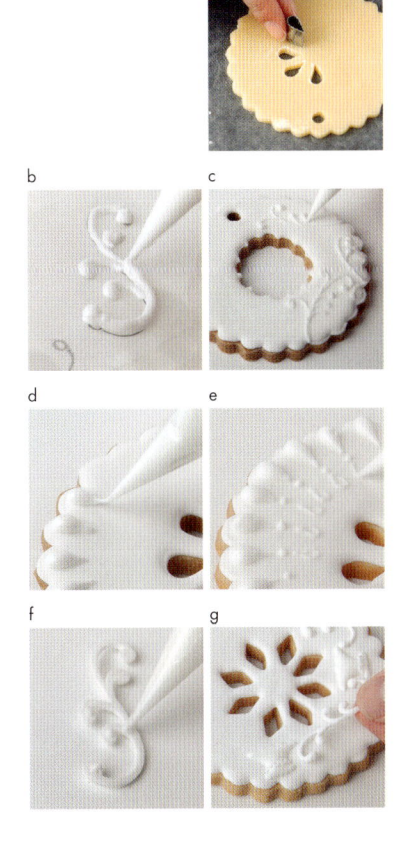

Chapter 2

Petit Sugarcrafts

プチシュガークラフト

シュガークラフトとは、
ウェディングケーキなどの上にのっている砂糖細工のこと。
作るのが難しそうなイメージがありますが、
ここでは、初めての人でも作れる
"プチ"シュガークラフトをご紹介。
アイシングにプラスして、形を作ったり、
型で抜いたりすれば、
立体的なクッキーを作れます。

Birthday
誕生日
recipe_P64

Ballerina
バレリーナ
recipe_P65

Baby
ベビー
recipe_P66

Rose
バラ
recipe_P66

Ribbon
リボン
recipe_P68

Spring
春
recipe_P69

Sweets
スイーツ
recipe_P69

プチシュガークラフト
基本の作り方

The Basics
of making Sugercrafts

‖ シュガークラフトの道具 ‖

本書で使っているシュガークラフトの道具です。

ハサミ
先の細い細工用のハサミ。シュガーペーストを切り分けたり、細かい切れ込みを入れたりするときに使います。

ボード(台)
この上でシュガーペーストをこねたり、のしたりします。

抜き型
シュガーペースト専用の抜き型。クッキーの抜き型のように、のしたシュガーペーストの上から押しつけて抜きます。

カッティングホィール
シュガーペーストの細かい部分をカットするときに使います。

爪楊枝
模様を描くときや、指先では作業しにくい細かい工程で使います。

ボーンスティック
花びらなどの縁をならしたり、カーブやひらひらをつけます。

スポンジパット
シュガーペーストをボーンスティックで成形するときなどに、台にします。

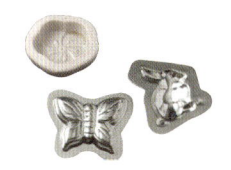

チョコレートの型(うさぎ、蝶)
落雁の型(松竹梅)
本書では、シュガーペーストを詰めて形成するために使用。シュガークラフト専用の道具以外でも、様々な抜き型を取り入れてみましょう。

ローリングピン
シュガーペーストがくっつきにくい、専用のめん棒です。本書では22.5cmと12.5cmの長さを使用。先端が丸くなっているタイプが使いやすいのでおすすめ。

シリコンモールド(レース)
シュガーペーストを押しつけて使います。細かいディテールまで表現できます。

アルミホイル
くぼみをつけて、花などの立体モチーフをおいて乾かすときに使います。

ナイフ
のしたシュガーペーストをカットするときに使います。

エンボススタンプ
スタンプのようにシュガーペーストに押しつけて、マークをつけます。

ベイナー(バラの葉)
葉脈など線のくぼみをつけるときに、シュガーペーストに押しつけて使います。

筆
卵白や色素を塗るときに使います。

乾燥防止用マット
シュガーペーストの上に載せて、乾燥を防ぎます。ラップでも代用できます。

‖ シュガークラフトの材料 ‖

本書で使っている、シュガークラフトの材料です。

シュガーペーストパウダー
水を加えて練り、シュガーペーストを作ります。すぐに使えるペースト状のものも市販されています。

ショートニング
シュガーペーストの固さの微調節に使います。また、シュガーペーストが手につかないよう、作業する前に軽く手につけておくと便利です。

コーンスターチ
シュガーペーストを扱うとき、打ち粉にします。

粉砂糖
シュガーペーストの固さの微調節に使います。また、シュガーペーストを扱うとき、打ち粉にします。

ダスティングパウダー
シュガークラフトパーツなどのあしらいに使用している、粉末状の食用色素。メーカーが一緒でも、色によっては食用認可されていないものもあるので、注意して下さい。筆にとってはたいたり、アルコールで溶いて絵を描いたりします。

‖ シュガーペーストの作り方 ‖

シュガーペーストは、砂糖でできた粘土のようなもの。なめらかになるまで、よくこねることがポイントです。

シュガーペースト

○ ○ ○ ○ ○ ○ ○ ○ ○

材料　約220g
シュガーペースト
パウダー‥‥200g
水‥‥20ml

1 ボウルにシュガーペーストパウダーと水を入れる。

2 ゴムベラで混ぜ合わせる。

3 水がなじんだら、手で握るようにしてこねながら、まとめる。

4 ある程度まとまったら、台に移して体重をかけながら手でよくこねる。

5 つやが出て、引っ張るとのびるようになったら出来上がり。乾きやすいので、使わないときはラップで包んでおく。

Point

やわらかすぎるときは粉砂糖を、固すぎるときはショートニングを少量加えて練り直す。
べたつくようであれば、粉砂糖とコーンスターチを1対1の割合で混ぜたものを打ち粉にして作業するとよい。
手にくっつくようであれば、ショートニングを軽く手につける。

保存はラップで包み、密閉袋に入れて冷蔵庫で約1カ月間。

‖ 色のつけ方 ‖

シュガーペーストも、アイシングと同じ色素で、
形作りたいものに合わせて色をつけます。

色をつける

1

シュガーペーストに爪楊枝で色素を少量加える。

2

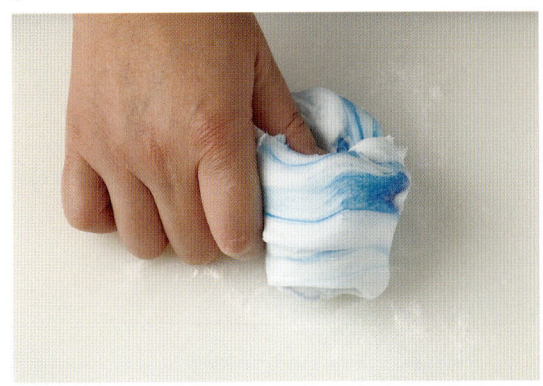

手で色が均一になるまでもみ込む。好みの色になるまで繰り返し色素を少量ずつ加える。

3

時間が経つと色がやや薄くなるので、目指す色よりも少し濃い色になったら完成。

Point

すぐに使わないペーストは
乾燥しないようにラップで包む。
乾燥してしまったペーストは
練り直せないので、
その部分を取り除いて使う。

色素の組合せ表 ● P24

‖ シュガーペーストの成形の仕方 ‖

シュガーペーストを成形するとき、まずはしっかりとこねてから、以下の作業をします。

切る（手で形を作る場合）

適量を親指と人差し指で台に押し付けるように何回か練り、表面がなめらかになったら、切りたい部分を細くしてからハサミで切る。手でちぎるよりもハサミで切る方が、シワが少なくキレイに仕上がる。

のす（抜き型で抜く場合）

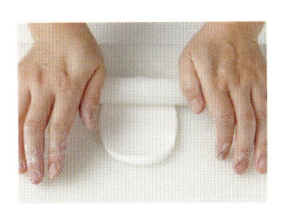

適量をローリングピンでのす。このとき、コーンスターチもしくは粉砂糖とコーンスターチを1対1の割合で混ぜたものを打ち粉にする。

シュガークラフトパーツの作り方

専用の道具を使えば、シュガーペーストで様々な立体モチーフを作ることができます。

お花

● P46,64

1　アルミホイルをスポンジパットの上におき、ローリングピンの先端を押しつけて、作りたい花の数くぼみを作る(a)。
2　シュガーペースト(レモンイエロー)をのして、好きな数デイジーの抜き型で抜く(b)。すぐに使わないものには、ラップか乾燥防止マットをかぶせておく(c)。
3　2をスポンジパットの上におき、花びらの外側から内側に向かってボーンスティックを押しあててなぞり、カーブを作る(d)。
4　平らな台の上で乾かすと、花びらが開いてしまうので、1のアルミホイルのくぼみにおいて乾かす(e)。
5　手で少量のシュガーペースト(リーフグリーン)を丸め、軽く押さえて花の芯を作る。
6　5に筆で薄く卵白を塗り(f)、爪楊枝などを使って4の花の中央に接着する(g)。軽く打ち粉をした台において、そのまま乾かす。

プレゼントボックス

● P46,64

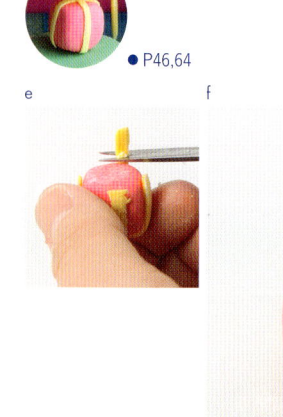

1　手でシュガーペースト(ピンク)を丸め、親指と人差し指を使って四角型に形を整える。軽く打ち粉をした台において、そのまま乾かす(a)。
2　シュガーペースト(レモンイエロー)をのして、ナイフで必要な本数帯状に切る(b)。すぐに使わないものには、ラップか乾燥防止マットをかぶせておく。
3　2に筆で薄く卵白を塗り(c)、1の上で交差するように2本接着する(d)。
4　裏返して、はみ出た帯はハサミで切り落とす(e)。
5　乾かないうちに上部の中心に筆で薄く卵白を塗り、シュガークラフトパーツ・お花をのせて接着する(f)。

ひらひら

● P48,65

1　シュガーペースト(薄いピンク)をのして、ナイフで帯状に切る(a)。
2　1をスポンジパットの上に置き、片方の縁にボーンスティックをあてる。ボーンスティックを左右に小刻みに動かし、シュガーペーストを薄くのばしながら、フリルをつけていく(b)。

ベビーモチーフ

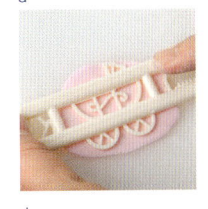

● P49,66

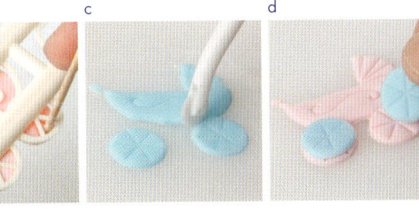

1　シュガーペースト(薄いピンク)をのして、ベビーモチーフ(ベビーカー)の抜き型に軽く打ち粉をし、押しつける(a)。そのままでは型にくっついているので、爪楊枝の持ち手側の端を細かい部分に軽く押しあて、ゆっくり抜く(b)。
2　ナイフとカッティングホイールではみ出た部分を取り除き、形を整える。
3　シュガーペースト(水色)でも1-2と同様に抜き、車輪などの一部分をナイフかカッティングホイールで切り取る(c)。
4　3に筆で薄く卵白を塗り、2に接着する(d)。乾いたパーツ同士は卵白ではつきにくいので、両方とも乾いてしまった場合は、アイシングで接着する。打ち粉をした台の上で乾かす。

バラ

● P50,66

1　アルミホイルをスポンジパットの上におき、ローリングピンの先端を押しつけて、作りたい花の数くぼみを作る。
2　シュガーペースト(クリスマスレッド)をのして、バラの抜き型で11枚以上抜き、ラップか乾燥防止マットをかぶせておく(a)。それぞれの縁を上から指で軽く押さえて薄くする(b)。
3　2に筆で卵白を薄く塗り、くるくると巻いて芯を作る(c)。
4　2枚目の下部1/2の縁に卵白を薄くVの字に塗り(d)、2の芯に巻き付ける(e)。
5　3枚目も4と同様に卵白を塗り、巻き付ける(f)。残りも同様にし、最後に指先で花びらを開くようにして形を整える(g)。
6　下部の余分な部分をハサミで水平に切り落とす(h)。平らな台の上で乾かすと、花びらの接着が外れてしまうので、1のアルミホイルのくぼみにおいて乾かす(i)。

葉っぱ

○ ○ ○ ○ ○ ○   ● P50,66

1　アルミホイルを手でくしゃくしゃにして、軽く広げる(a)。
2　のしたシュガーペースト(リーフグリーン)をバラの葉の抜き型で必要な枚数抜き(b)、すぐに使わないものには、ラップか乾燥防止マットをかぶせておく。
3　2にバラの葉のベイナーを押しつけて、葉脈をつける(c)。
4　両方の先端をつまみ、軽くひねってカーブをつける(d)。平らな所におくと、平らに戻ってしまうので、1のアルミホイルのカーブしている部分にそっておき、乾かす(e)。

リボン

○ ○ ○ ○ ○ ○ ○ ○ ○ ○ ○   ● P51,68

1　シュガーペースト(白)をのして、ナイフで帯状に切る(a)。
2　中心に筆で薄く卵白を塗り、両端からゆるやかに折りたたみ、輪を2つ作る(b)。
3　2をひっくり返して中央を絞るように谷折りにし(c)、両端を反らしてリボンの輪らしく形を整える。
4　シュガーペースト(白)をのして、帯状に切る。筆で薄く卵白を塗り、3の中央に巻き付ける(d)。余分な部分を切り落とす。
5　シュガーペースト(白)をのして、テール用として帯状に2枚切る(e)。
6　下部それぞれに山型の切れ込みを入れる(f)。4のリボンとのバランスを見て、上部を少し切り落とす。
7　6のテールの下部に軽くカーブをつけてから(g)、上部に筆で薄く卵白を塗って4に接着する(h)。

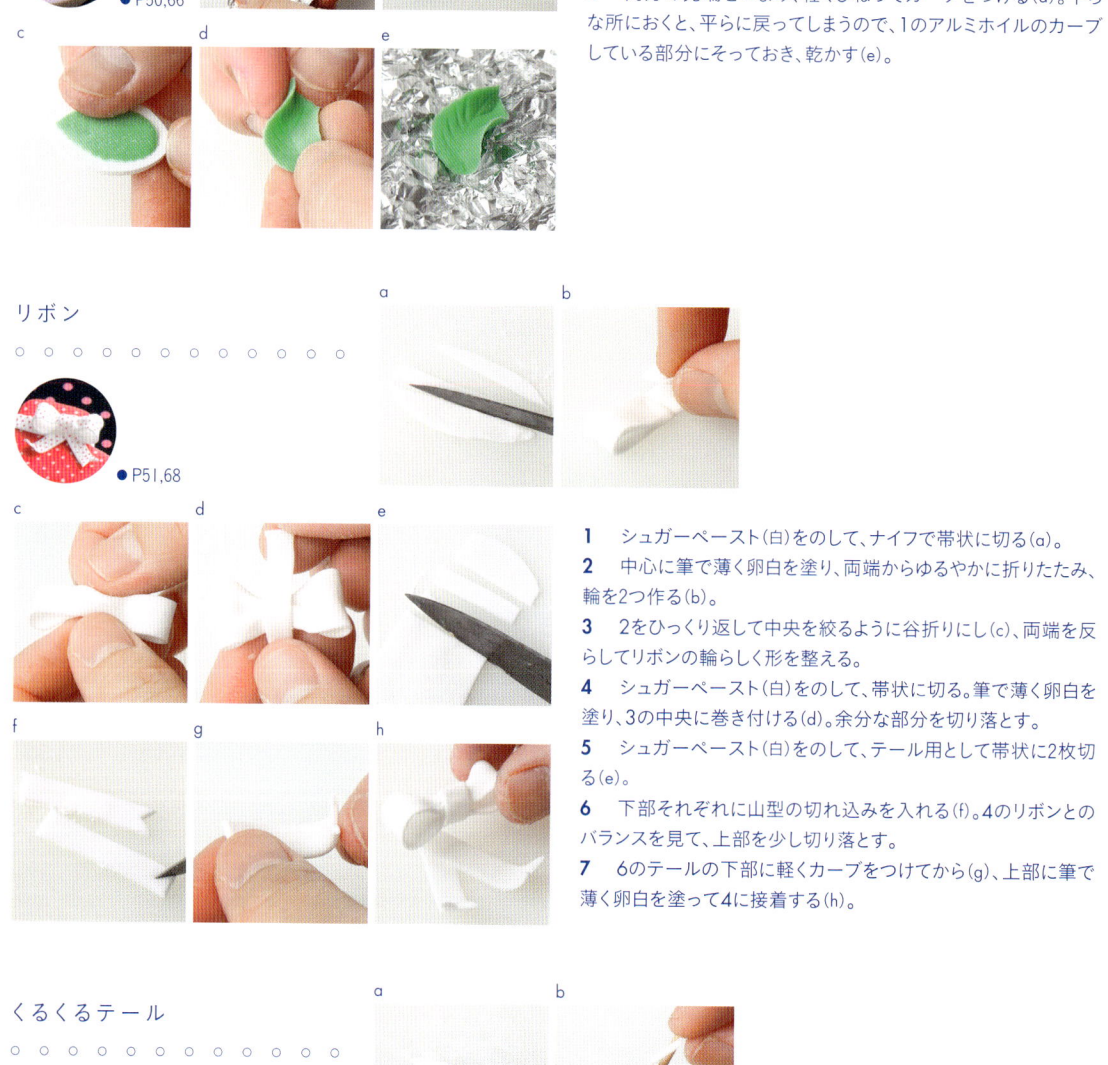

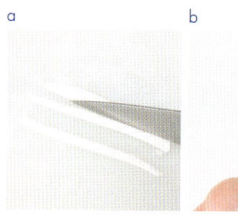

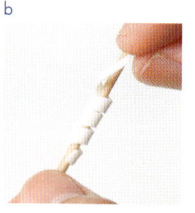

くるくるテール

○ ○ ○ ○ ○ ○ ○ ○ ○   ● P51,68

1　シュガーペースト(白)をのして、長細い帯状に2枚切る(a)。リボンとのバランスを見て、上部も少し切り落とす。
2　上部を少し残して爪楊枝にくるくると巻き付ける(b)。

鳥

●P52,69

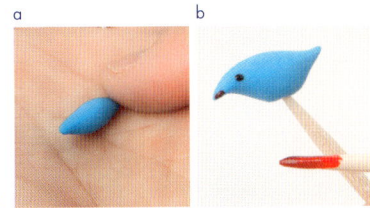

1　シュガーペースト（スカイブルー）を丸め、手のひらの上で左右を尖らせる（a）。
2　指で曲げながら鳥の形に整える。底に爪楊枝を刺す。
3　新しい爪楊枝に色素を軽くつけ、目をブラウンで、口をクリスマスレッドで描く（b）。そのまま爪楊枝を発泡スチロールなどに刺し、ひと晩おいて乾かす。

マカロン

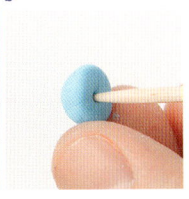

●P53,69

1　シュガーペースト（スカイブルー）を丸め、手のひらの上でドーム型に整える（a）。底に爪楊枝を刺す（b）。
2　パーツ用アイシング（スカイブルー）をコルネに入れて、1の縁に細かい波を描くように線を引く（c）。そのまま爪楊枝を発泡スチロールなどに刺して乾かす。同じものをもうひとつ作る（d）。
3　乾いたら、2のパーツ用アイシングを、片方の底に絞り（e）、もう片方でサンドする。
4　上部に2のアイシングを絞り、アラザンをつける。

シュガーペーストが余ったら…

シュガーペーストは乾燥しやすく、
すぐに固まってしまうので、作業中はこまめにラップで包み
乾燥を防ぐ必要があります。固まってしまうと
作業しにくいので、早めに使い切ってしまうのがベター。
また、せっかくだからシュガークラフトならではの
かわいらしさを生かし、クッキーにのせるだけでなく、
例えば角砂糖代わりに使ったり、
インテリアとして飾ってみるなど、
自分だけの楽しみ方を見つけてみましょう。

● ティータイムを華やかに

角砂糖の代わりに
シュガークラフトを使えば、
いつものティータイムが
ぐっと華やかに。薄い形状の
シュガークラフトは飲み物に
入れるとすぐに溶けてしまうので、
サーブするときはスプーンの
上などにおきます。

● パーツの保存方法

湿気の多い夏場は、特に
傷みやすいので、密閉容器に入れ、
乾燥剤のシリカゲルと一緒に
涼しい場所で保存します。
壊れやすいので、小さい容器に
少量ずつ入れるといいでしょう。
ティッシュなどをクッションにすると
さらに安心。食用にしなければ、
何年ももちます。

● インテリアとして飾る

インテリアとして
長持ちさせるためには、
湿度や温度を
こまめに管理できる、
リビングなどにおくように
しましょう。水回りは
湿度が高いのでNGです。

松竹梅

● P72

1　松竹梅の落雁の型に打ち粉を多めにまぶし(a)、シュガーペーストを押し入れて、上からローリングピンを転がす(b)。
2　型から取り出し、はみ出たペーストをナイフやカッティングホィールで取り除き(c)、手で形を整える。
3　打ち粉をした台にのせ、上にのった余分な打ち粉を筆で払い(d)、乾かす。

桃の花

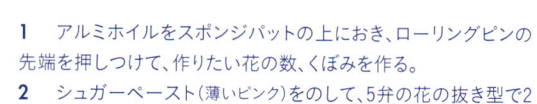

● P76

1　アルミホイルをスポンジパットの上におき、ローリングピンの先端を押しつけて、作りたい花の数、くぼみを作る。
2　シュガーペースト(薄いピンク)をのして、5弁の花の抜き型で2枚以上抜き(a)、すぐに使わないものにはラップか乾燥防止マットをかぶせておく。
3　2をスポンジパットの上に置き、花びらの縁にボーンスティックをあて、左右に小刻みに動かして花びらのひだをつける(b)。
4　指で形を整え、1のアルミホイルのくぼみにおいて乾かす(c)。2枚目も同様に作る。
5　1枚目の中心に筆で卵白を塗り(d)、2枚目を花びら同士をずらして重ねる(e)。
6　ダスティングパウダーを少量筆にとり、少しずつ中央に叩き、色をつける(f)。中央の花の芯は、パーツ用アイシングをコルネに入れてドットを絞る(g)。

うさぎ

● P78

1　シュガーペースト(薄いピンク)をチョコレートのうさぎ型に押し入れて、上からローリングピンを転がす。
2　型から取り出し、はみ出たペーストをナイフやカッティングホィールで取り除き(a)、手で形を整える。打ち粉をした台において乾かす。

レース

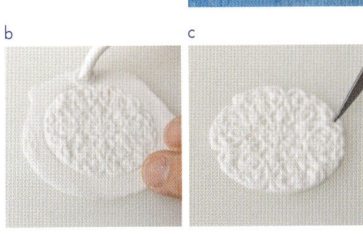

● P78

○シリコンモールドを使う場合

1 シュガーペースト（白）をのして、レースのシリコンモールドに押しあて、模様をつける（a）。

2 はみ出たペーストをカッティングホィールで取り除く（b）。細かい部分はナイフを使う（c）。最後に手で形を整える。

○抜き型を使う場合

シュガーペースト（白）をのしてレースフラワーの抜き型で抜き、乾かす。

ミニカーネーション

● P80

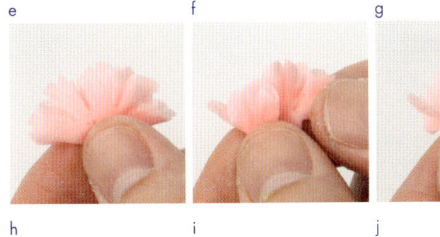

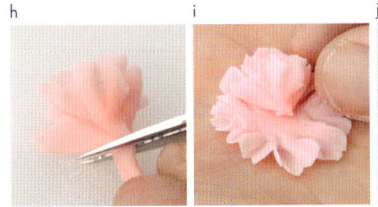

1 アルミホイルをスポンジパットの上におき、小さいローリングピンの先端を押しつけて、作りたい花の数くぼみを作る（a）。

2 のしたシュガーペースト（薄いピンク）をカーネーションの抜き型で3～5枚以上抜き（b）、すぐに使わないものには、ラップか乾燥防止マットをかぶせておく。

3 2の花びらの先端2カ所にナイフで小さい切り込みを入れ、花びらの谷間には深い切り込みを入れる（c）。

4 爪楊枝を花びらの縁にあてて小刻みに転がし、全体にひだを作る（d）。

5 4の中心に筆で卵白を塗り、半分に折りたたむ（e）。

6 さらに、左1/3を手前に折り（f）、右1/3を奥に折って、下部を指で押さえつける（g）。

7 余分な下部をハサミで切り落とす（h）。

8 2枚目の花びらも3-4と同様にし、中心に卵白を塗って7をのせる（i）。

9 そのまま7を挟むようにして折りたたみ（j）、6-7と同様にする。

10 3枚目の花びらも3-4と同様にし、卵白を塗った中心に9を重ねて、今度は折りたたまずにそのまま全体を包み込むように接着する（k）。

11 4～5枚目も3枚目と同様にする（l）。5枚目は一回り大きい抜き型を使うとよい。このとき、花びらの枚数を増やすと大きい花ができる。

12 余分な芯の下部をハサミで切り落とす。平らな台での上で乾かすと花びらの接着が外れてしまうので、1のアルミホイルのくぼみにおいて乾かす（m）。

今日が主役の友達に！　心に花を咲かせるプレゼント

Birthday ••○

誕生日

photo_P46

材料

基本のクッキー ● P21（約21cm×21cm 2枚）
- カップケーキ型、丸型で抜いたもの

アイシング ● P22（約250g）
- コーティング用[ゆるめ]（白、リーフグリーン、ピンク、クリスマスレッド、好みの色 *1）････約9割
- 模様用[固め]（白、レモンイエロー、好みの色 *2）････適量
- 模様用[ゆるめ]（レモンイエロー、好みの色 *3）････適量
- 接着用[固め]････少量

シュガーペースト ● P56（適量）
- レモンイエロー、リーフグリーン、ピンク

その他
- 卵白････少量

道具

コルネ、スプーン、アルミホイル、スポンジパット、ローリングピン、ボード、抜き型（デイジー）、ラップまたは乾燥防止マット、ボーンスティック、ナイフ、筆

1　コーティング用アイシング（白）をコルネに入れて、カップケーキ型クッキーのカップ部分のアウトラインを引いてから、内側を塗りつぶす。

2　1が乾いたら、模様用アイシング（白）をコルネに入れて、カップの縦のラインを描く(a)。

3　コーティング用アイシング（リーフグリーン）で、ケーキの生地部分を1と同様に塗る。

4　2が乾いたら、模様用アイシング[固め]（レモンイエロー）をコルネに入れて、横のラインをギザギザに描く(b)。

5　コーティング用アイシング（ピンク）で、キャンドル部分を1と同様に塗り、乾かないうちに模様用アイシング[ゆるめ]（レモンイエロー）をコルネに入れて、ドット模様を描く。● P29

6　コーティング用アイシング（クリスマスレッド）で、炎部分を1と同様に塗る。

7　コーティング用アイシング（リーフグリーン）を、スプーンで丸型クッキーに塗る。

8　シュガークラフトパーツ・お花とプレゼントボックスを作る。
● P58／お花数枚は3の工程をとばして、花びらを平らのままにしておく。

9　接着用アイシングをコルネで6のカップとケーキ部分に絞り、8のうち平らなお花を接着する(c)。同様に、7にプレゼントボックスを接着する(d)。

10　他の色のクッキーなども同じ要領で作る。

*1,2,3　写真はレモンイエロー、ピンク、リーフグリーン

a

b

c

d

ひらひらのレオタードで踊る、大舞台へのご招待

Ballerina ..。
バレリーナ

photo_P48

材料

基本のクッキー ● P21（約21cm×21cm 2枚）
| バレリーナ型で抜いたもの

アイシング ● P22（約130g）
| コーティング用［ゆるめ］（薄いピンク、クリーム、水色）‥‥約9割
| アウトライン用［固め］（薄いピンク、クリーム、水色）‥‥適量
| 髪用［固め］（薄いゴールデンイエロー）‥‥適量

シュガーペースト ● P56（適量）
| 薄いピンク、水色

その他
| 卵白‥‥少量

道具

コルネ、ボード、ローリングピン、ナイフ、
スポンジパット、ボーンスティック、筆

1 アウトライン用アイシング（薄いピンク）をコルネに入れて、クッキーの衣装部分のアウトラインを引き、コーティング用アイシング（薄いピンク）をコルネに入れて、内側を塗りつぶす。アウトライン用・コーティング用アイシング（クリーム）で肌部分も同様に塗る。
2 1が乾いたら、髪用アイシングをコルネに入れて、髪部分をジグザグに描く（a）。
3 シュガークラフトパーツ・スカートのひらひらを3枚作る。● P59
4 3の裏側の上部に筆で薄く卵白を塗り、クッキーのスカート部分の下のラインに合わせて接着する。左右のはみ出た部分は、ハサミで切り落とす。2枚目も同様に卵白を塗り、1枚目の接着部分が隠れるように接着し、左右のはみ出た部分を切り落とす（b）。3枚目も同様にする。
5 袖とシューズも、シュガーペーストの大きさを変えて3と同様に作り、シューズ用のひらひらは、2つ折りにする（c）。
6 5が乾く前に、それぞれの場所に卵白で接着する。指で作業しにくい場合は、爪楊枝を使うとよい（d）。
7 水色の衣装も1-6と同様に作る。

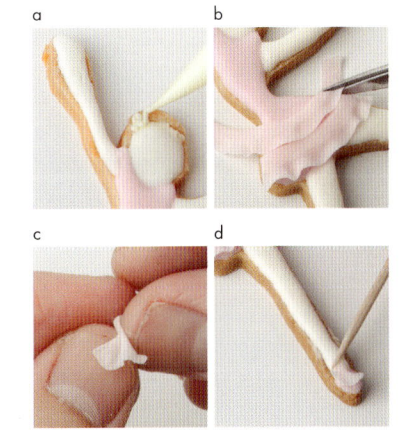

a b c d

赤ちゃんとママに贈る、パステルカラーの優しい時間

Baby ..｡
ベビー

photo_P49

材料

基本のクッキー●P21(約21cm×21cm 2枚)
| 長方形にナイフで切ったもの

アイシング●P22(約250g)
| コーティング用[ゆるめ](薄いレモンイエロー、
| 好みの色 *1)‥‥約9割
| 縁どり用[固め](白)‥‥適量
| 文字用[固め](スカイブルー)‥‥適量
| 接着用[固め]‥‥少量

シュガーペースト●P56(適量)
| 薄いピンク、水色、好みの色 *2

その他
| 卵白‥‥少量

道具

コルネ、ローリングピン、抜き型(ベビーモチーフ)、ボード、カッティングホイール、ナイフ、筆

1　コーティング用アイシング(薄いレモンイエロー)をコルネに入れて、クッキーのアウトラインを引いてから、内側を塗りつぶす。
2　1が乾いたら縁どり用アイシング(白)をコルネに入れて、クッキーの縁にシェルを絞る(a)。●P28
3　シュガークラフトパーツ・ベビーモチーフを作る。●P59
4　接着用アイシングをコルネに入れて、2の好みの場所に絞り、3を接着する。
5　文字用アイシングをコルネに入れて、4の空いた場所に好きな文字を描く(b)。
6　他の色も1-5と同様にする。シュガークラフトパーツの上にアイシングで模様を描いても。

*1　写真は水色、薄いピンク
*2　写真は薄いレモンイエロー、白

a

b

バラが花開くその瞬間、時間を止める魔法をかけて

Rose ...
バラ

photo_P50

材料

基本のクッキー●P21(約21cm×21cm 2枚)
| 丸型で抜いたもの

アイシング●P22(約250g)
| コーティング用[ゆるめ](青緑、
| ゴールデンイエロー、ピンク)‥‥約9割
| 模様用[中間](濃いピンク)‥‥適量
| 接着用[固め]‥‥少量

シュガーペースト●P56(適量)
| クリスマスレッド、リーフグリーン

その他
| 卵白‥‥少量

道具

スプーン、コルネ、アルミホイル、スポンジパット、ローリングピン、ボード、抜き型(バラの花、バラの葉)、ベイナー(バラの葉)、ラップまたは乾燥防止マット、筆

1　コーティング用アイシングを、それぞれスプーンを使ってクッキーに塗る。
2　1が乾いたら、模様用アイシングをコルネに入れて、クッキーの縁にドットを描く。
3　シュガークラフトパーツ・バラを作る。●P59
4　シュガークラフトパーツ・葉っぱを作る。●P60
5　接着用アイシングをコルネに入れて、2の中央に絞り、3と4を接着する(a)。

a

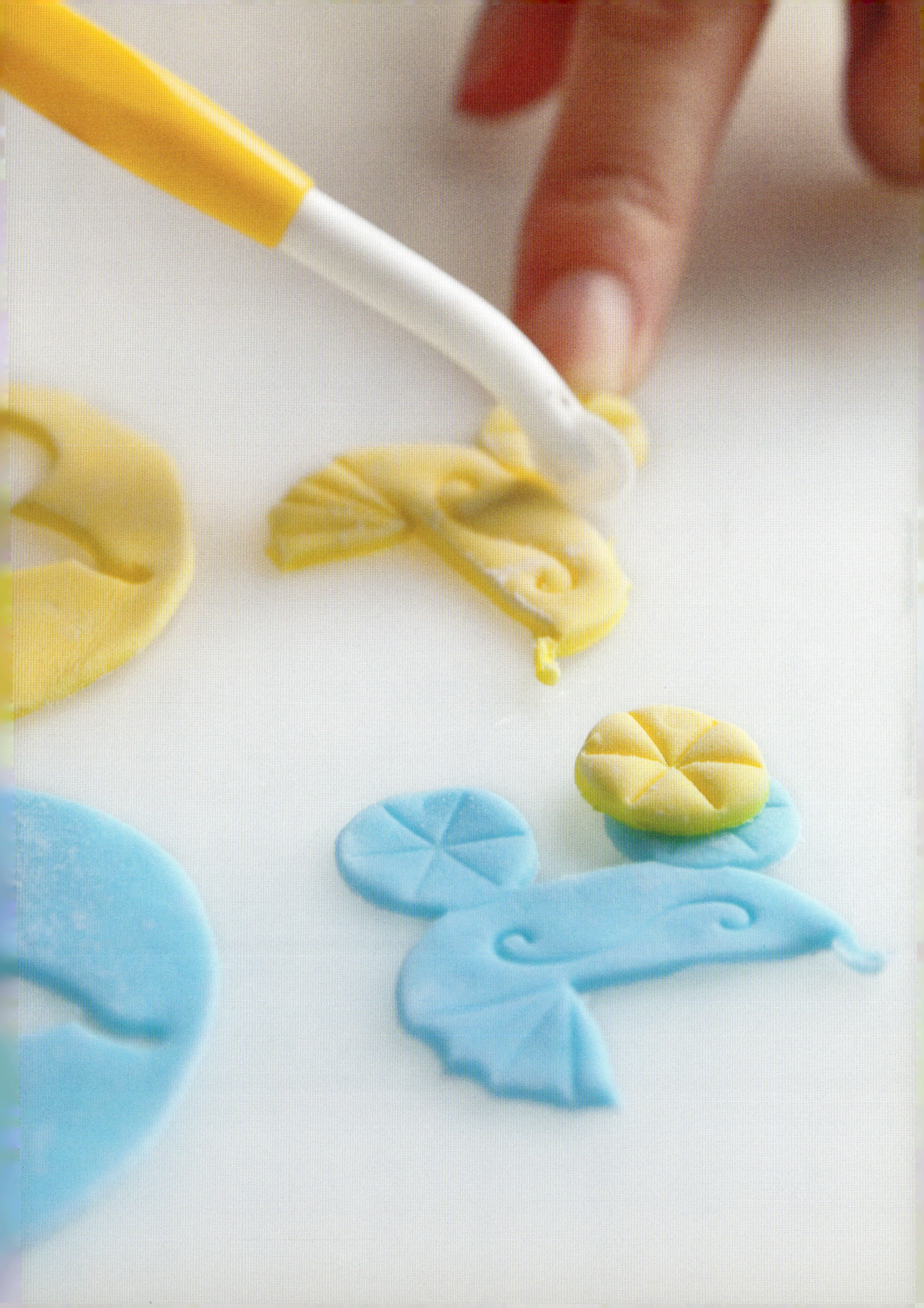

繊細なリボンで結ぶ、思いをこめたプレゼント

Ribbon ...
リボン

photo_P51

材料
基本のクッキー ● P21（約21cm×21cm 2枚）
| 帽子型で抜いたもの、正方形にナイフで切ったもの
アイシング ● P22（約250g）
| コーティング用［ゆるめ］（濃いピンク、ブラック、白）‥‥約9割
| 模様用［ゆるめ］［中間］（白、濃いピンク、ブラック）‥‥適量
| 接着用［固め］‥‥少量
シュガーペースト ● P56（適量）
| 白、濃いピンク、ブラック
その他
| 卵白‥‥少量

道具
コルネ、ボード、ローリングピン、ナイフ、
ラップまたは乾燥防止マット、爪楊枝、筆

1　コーティング用アイシング（濃いピンク）をコルネに入れて、
帽子型クッキーのアウトラインを引いてから、内側を塗りつぶす。
2　1が乾かないうちに模様用アイシング［ゆるめ］（白）をコルネに入れて、
全体に均等になるようにドット模様を描く。● P29
3　シュガークラフトパーツ・リボンを作る。● P60
4　シュガーペースト（白）をのして、ナイフで帯状に切る。
5　4に筆で薄く卵白を塗り、2の帽子のつばの上に接着する。
はみ出た部分はハサミで切り落とす（a）。
6　5が乾かないうちに好みの部分に
筆で薄く卵白を塗り、3のリボンを接着する。
7　模様用アイシング［中間］（濃いピンク）をコルネに入れて、
リボン全体にドット模様を描く（b）。
8　他のパターンも、1–7と同じ要領で作る。

a

b

クッキーの花壇に春がきて、青い鳥たちがやってきた

Spring …
春

photo_P52

材料
基本のクッキー ● P21（約21cm×21cm 2枚）
| 大きさの違う2種の丸型で抜いて、
| リング型にしたもの
アイシング ● P22（約300g）
| パーツ用［固め］（好みの色 *1）‥‥約7割
| コーティング用［ゆるめ］
| （好みの色 *2）‥‥適量
| 模様用［固め］（薄いリーフグリーン）‥‥適量
| 接着用［固め］‥‥少量
シュガーペースト ● P56（適量）
| スカイブルー、好みの色 *3

道具
コルネ、絞り出し袋、バラ口金、
ボード、爪楊枝

1　コーティング用アイシングを
コルネに入れて、クッキーのアウトラインを
引いてから、内側を塗りつぶす。
2　アイシングパーツ・5弁の花、
パンジーを作る。●P30,31
3　シュガークラフトパーツ・鳥を作る。
●P61／他の色の鳥も同様に作る。
4　接着用アイシングをコルネに入れて、2と3の
底に絞り、1の好きな部分に接着する(a)。
5　模様用アイシングをコルネに入れて、
お花の横にくるくるラインを描く(b)。

*1　写真はバイオレット、薄いバイオレット
　　ゴールデンイエロー、濃いピンク
*2　写真は白、濃いピンク、スカイブルー
*3　写真は白、濃いピンク

a

b

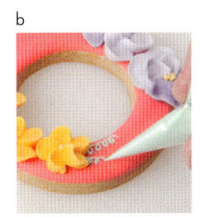

ロマンティックなマカロンは、女の子のハートを彩るアクセサリー

Sweets ..。
スイーツ

photo_P53

材料
基本のクッキー ● P21（約21cm×21cm 2枚）
| ハート型で抜いたもの
アイシング ● P22（約250g）
| コーティング用［ゆるめ］
| （水色、薄いバイオレット）‥‥約8割
| 模様用［中間］（白）‥‥適量
| パーツ用［固め］（スカイブルー、
| バイオレット）‥‥適量
シュガーペースト ● P56（適量）
| スカイブルー、バイオレット
デコ素材
| アラザン

道具
コルネ、ボード、爪楊枝

1　コーティング用アイシング（水色）を
コルネに入れて、クッキーのアウトラインを
引いてから、内側を塗りつぶす。
2　1が乾いたら、模様用アイシングを
コルネに入れて、模様を描く(a)。
3　シュガークラフトパーツ・
マカロンを作る。●P61
4　接着用アイシングを
コルネに入れて3の底に絞り、
クッキーの好きな部分に接着する(b)。
5　バイオレットも1-4と同様に作る。

a

b

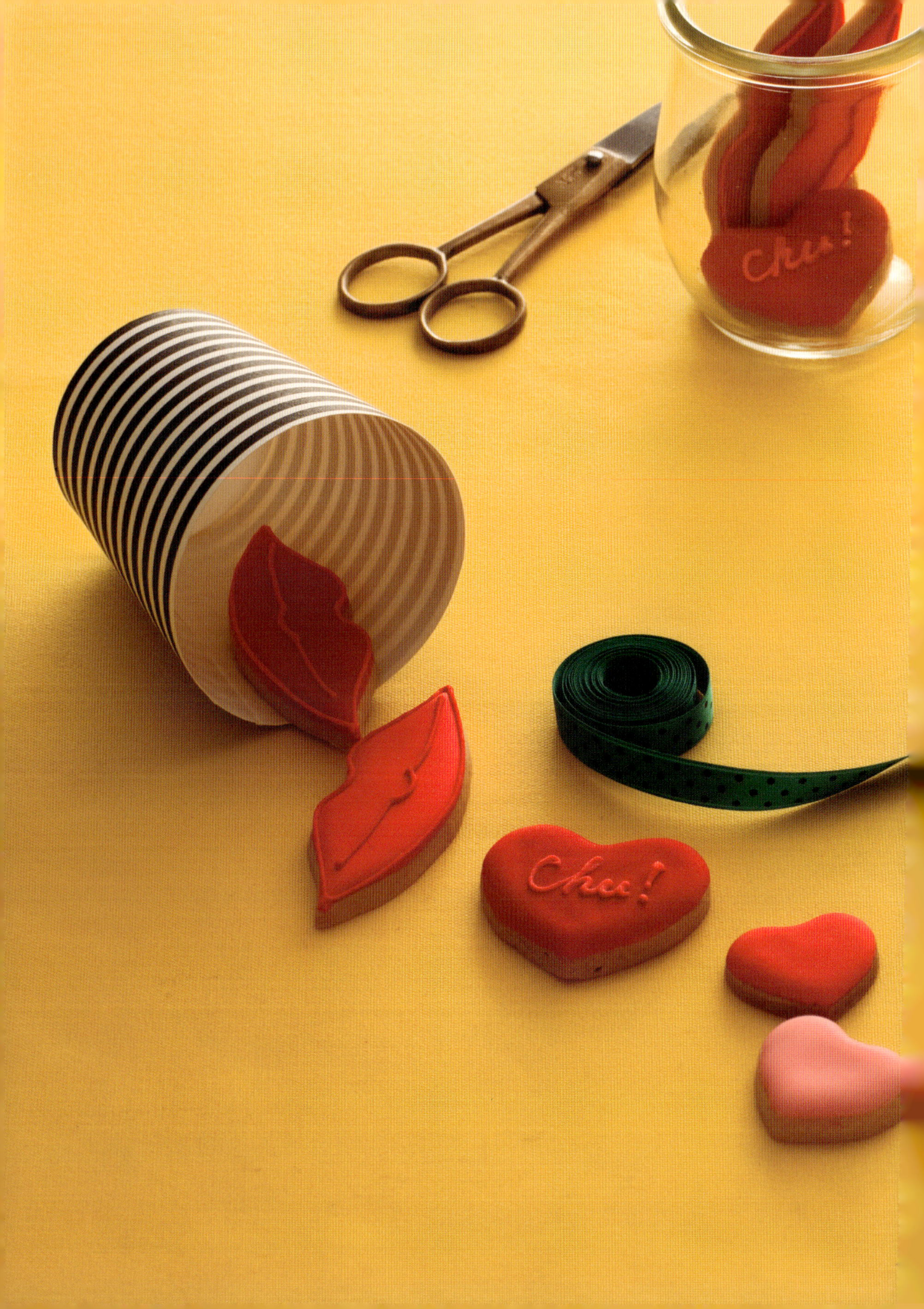
Chu!

Chapter 3

Twelve Months
of Cookies

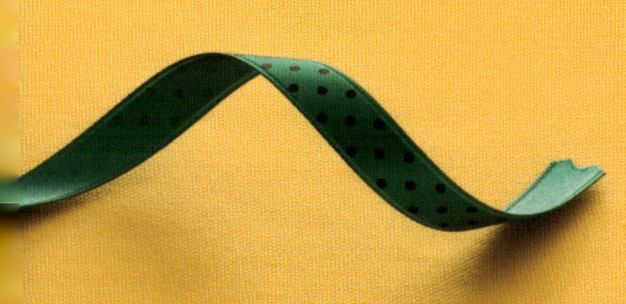

12カ月の
アイシングクッキー＆
プチシュガークラフト

12カ月に合わせた、
アイシングクッキーとプチシュガークラフトをご紹介。
パーティーなど人が集まる場所で配ったり、
贈り物にしたりしても喜ばれます。
ラッピング方法なども参考にしてください。
特別なクッキーで、季節のイベントを盛り上げて！

1 New Year's Day

January

正月　新年のごあいさつは、淡い色の"松竹梅"と一緒に

材料

基本のクッキー ● P21（約21cm×21cm 2枚）
| 松・竹・梅型に抜いたもの

アイシング ● P22（約250g）
| コーティング用[ゆるめ]（モスグリーン、
| 濃い黄緑、ピンク）‥‥約9割
| 模様用[中間]（薄いゴールデンイエロー）‥‥適量

シュガーペースト ● P56（適量）
| モスグリーン、濃い黄緑、ピンク

道具

コルネ、ボード、落雁の抜き型（松竹梅）、ローリングピン、
ナイフまたはカッティングホィール、筆

1　コーティング用アイシングをそれぞれ（松・モスグリーン、
竹・濃い黄緑、梅・ピンク）コルネに入れて、
松・竹・梅型クッキーのアウトラインを引いてから、内側を塗りつぶす。

2　1が乾いたら、模様用アイシングをコルネに入れて、
それぞれ松竹梅の模様を描く(a,b,c)。

3　シュガークラフトパーツ・松、竹、梅を作る。● P62

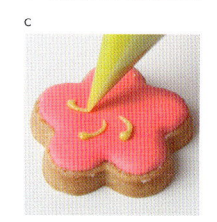

a

b

c

○ ○ ○ ○ ○ ○ ○ ○ ○ ○

Wrapping Idea

1　シュガークラフトパーツ・梅が固まらないうちに、
爪楊枝などで通し穴を2つあけておく。

2　白木の箱にワックスペーパーを敷き、
アイシングクッキーを詰めてふたをする。

3　2に色紙をかぶせてから、好きな色の紐で箱をくくり、
最後に1のパーツに紐を通して中央で結ぶ。

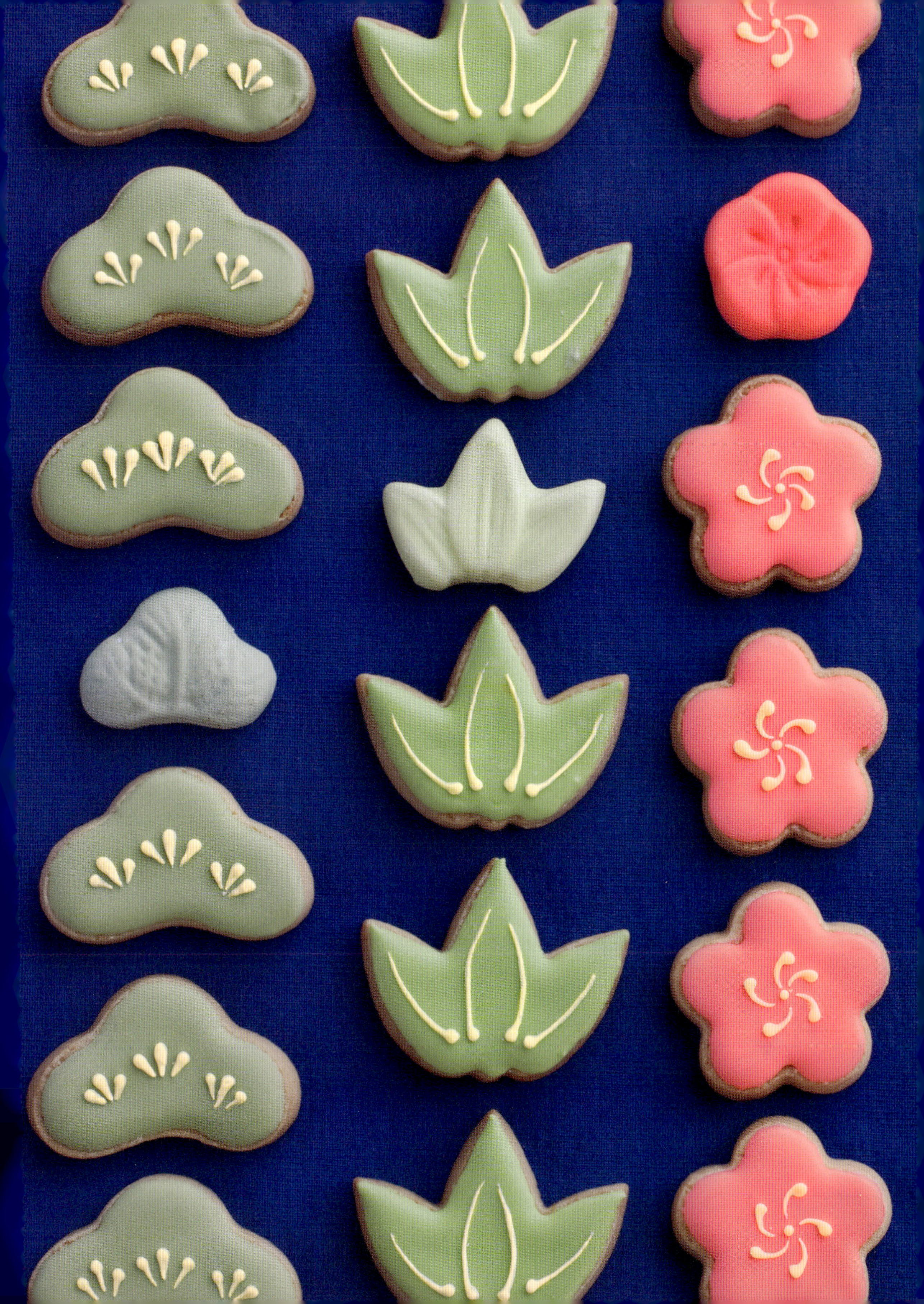

2 St.Valentine's Day

February

バレンタイン　クッキーの投げキッスで、今年は強気なバレンタイン

材料

基本のクッキー ● P21（約21cm×21cm 2枚）
| リップ型、ハート型に抜いたもの
アイシング ● P22（約250g）
| コーティング用[ゆるめ]（赤系の好みの色 *1）‥‥約9割
| 文字用・ライン用[固め]（赤系の好みの色 *2）‥‥適量

道具
コルネ

1　コーティング用アイシングをコルネに入れて、
リップ型クッキーのアウトラインを引いてから、内側を塗りつぶす。
ハート型クッキーも同様に塗る。
2　1が乾いたら、文字用・ライン用アイシングを
コルネに入れて、ハート型クッキーの文字を描き（a）、
リップ型クッキーの縁などのラインを描く（b）。

*1　写真はピンク、濃いピンク、クリスマスレッド
*2　写真は濃いピンク、クリスマスレッド

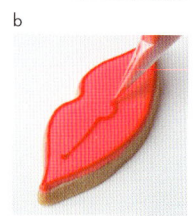

○ ○ ○ ○ ○ ○ ○ ○ ○ ○ ○

Wrapping Idea

1　好きな柄の紙コップの飲み口部分を
ハサミで切り取り、アイシングクッキーを入れる。
2　紙コップの口をとじて、穴あけパンチで
中央に1カ所穴をあける。
3　2の穴にリボンを通して結ぶ。

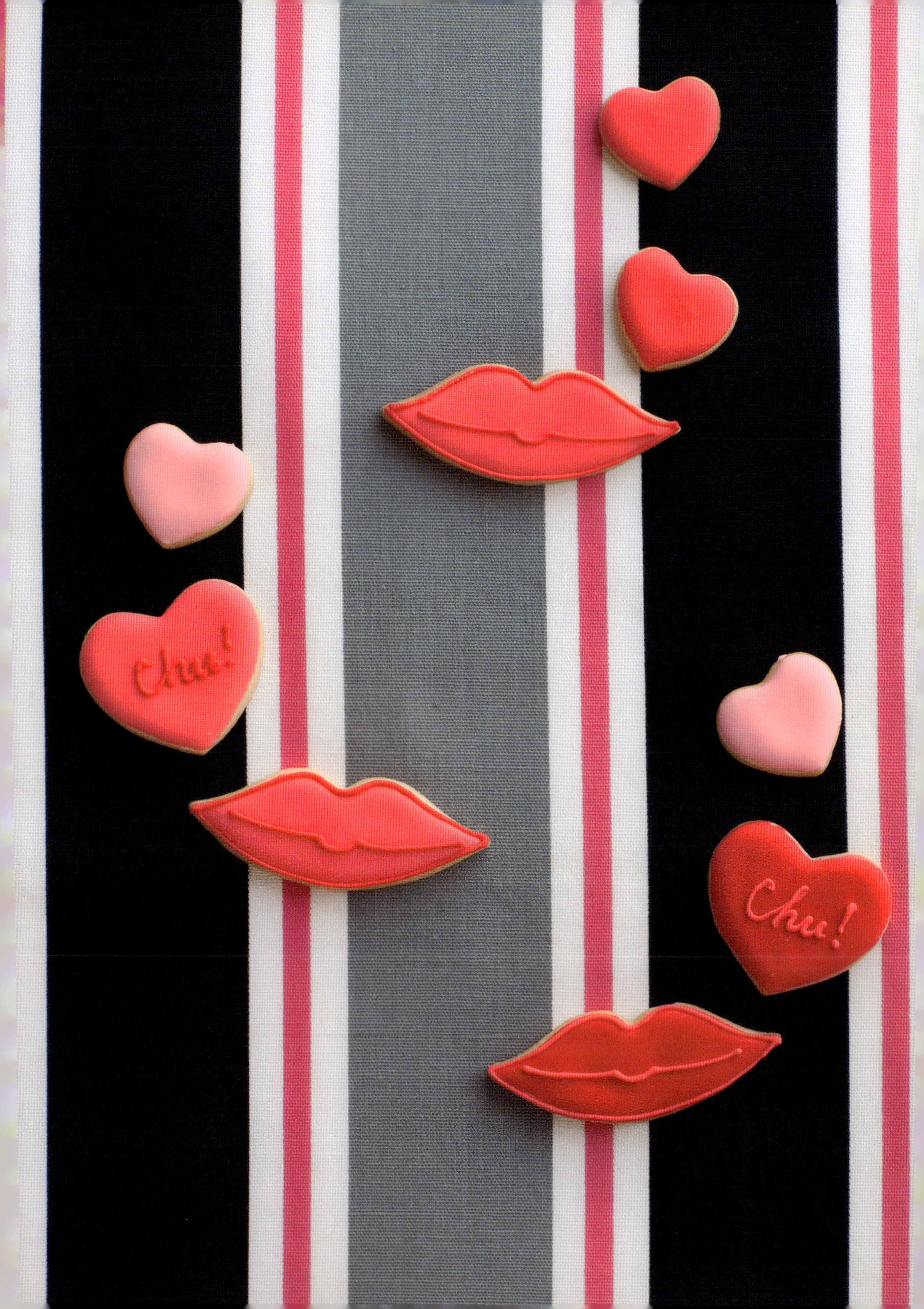
Chu!
Chu!

3 The Doll's Festival ...

ひな祭り
ひな祭りには、咲いたばかりの桃の花をプレゼント

March

材料

基本のクッキー ● P21 (約21cm×21cm 2枚)
| 鳥型、ひし型で抜いたもの
アイシング ● P22 (約250g)
　コーティング用［ゆるめ］
　（ピンク、薄いピンク）‥‥約9割
　模様用［ゆるめ］（白）‥‥適量
　パーツ用［中間］（濃いピンク）‥‥適量
　接着用［固め］‥‥少量
シュガーペースト ● P56 (適量)
| 薄いピンク
その他
| ダスティングパウダー（プラム）

道具
コルネ、爪楊枝、ボード、
ローリングピン、スポンジパット、
アルミホイル、抜き型（5弁花）、
ラップまたは乾燥防止マット、
ボーンスティック、筆

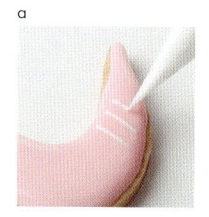

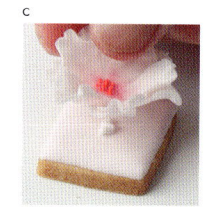

1　コーティング用アイシング（ピンク）をコルネに入れて、
鳥型クッキーのアウトラインを引いてから、内側を塗りつぶす。
2　1が乾かないうちに、模様用アイシング（白）で目を描く。
羽の部分に3本線を引き(a)、矢羽根を描く(b)。● P29／爪楊枝は一方向から引く。
3　コーティング用アイシング（薄いピンク）でひし型クッキーを1と同様に塗る。
4　シュガークラフトパーツ・桃の花を作る。● P62
5　接着用アイシングをコルネに入れて、
3の中心に絞り、4を接着する(c)。

○ ○ ○ ○ ○ ○ ○ ○ ○ ○ ○

Wrapping Idea

1　平袋の口を開き、
アイシングクッキーを入れてから、
両端の折れ線を重ねるようにして、
口を閉じる。中に空間ができる。
2　袋の口を1cm程度ずつ折りたたんでいき、
最後に山折りにしたレースペーパーを
かぶせて、ホチキスでとめる。

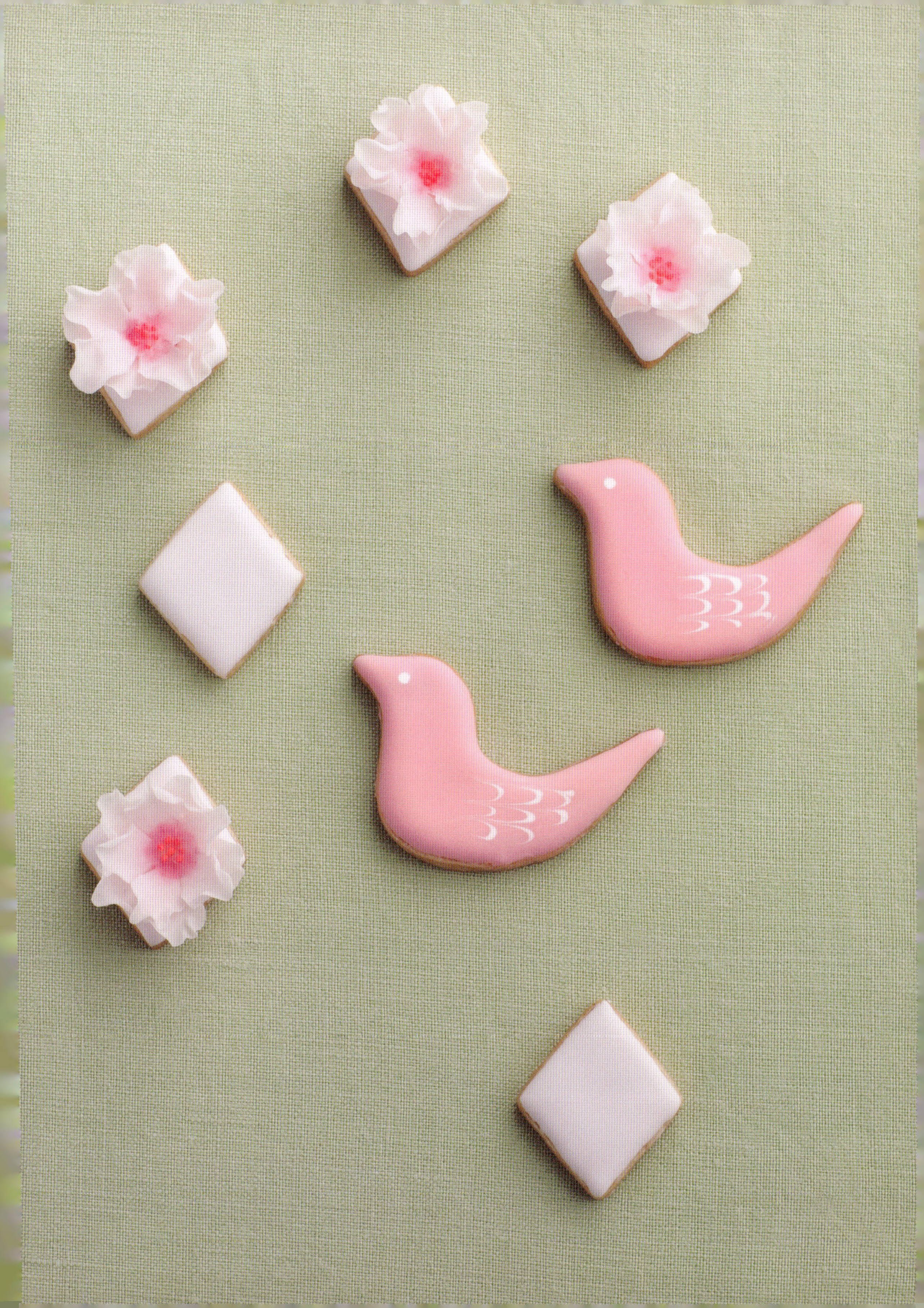

4 Easter ..。
April

イースター　今にも飛び出しそうな、頬を染めたイースターラビット

材料
基本のクッキー ● P21 (約21cm×21cm 2枚)
| 丸型で抜いたもの
アイシング ● P22 (約300g)
| コーティング用[ゆるめ](薄いピンク、
| 水色、薄いゴールデンイエロー)‥‥約6割
| 縁どり用[固め](薄いピンク、水色、薄いゴールデンイエロー)‥‥適量
| 接着用[固め]‥‥少量
シュガーペースト ● P56 (適量)
| 薄いピンク、水色、薄いレモンイエロー、白
その他
| ダスティングパウダー(プラム)
| 色素(スカイブルー)
| アルコールまたは無色の蒸留酒

道具
スプーン、絞り出し袋、星口金、ボード、ローリングピン、
チョコレート型(うさぎ、蝶)、カッティングホイール、ナイフ、
抜き型(レースフラワー)、シリコンモールド(レース)、筆、コルネ

1　コーティング用アイシングを、
それぞれスプーンを使ってクッキーに塗る。
2　1が乾いたら、縁どり用アイシングをそれぞれ星口金をつけた
絞り出し袋に入れて、同じ色のクッキーの縁にシェルを絞る。● P30
3　シュガークラフトパーツ・うさぎを作る。● P62／水色も同様に作る。
4　ダスティングパウダーを少量筆にとり、
耳と頬としっぽに色をつける(a)。
5　シュガークラフトパーツ・蝶を、
薄いレモンイエローで3と同じ要領で作る。
6　色素を少量のアルコールまたは無色の蒸留酒で溶いて薄め(b,c)、
5の羽に色をつける(d)。少し濃い色で模様の線を描く(e)。
7　シュガークラフトパーツ・レースを作る。● P63
8　接着用アイシングをコルネに入れて、
2のクッキーに絞り、7を接着する。
9　4と6のパーツも、8の上から同様に接着する(f)。

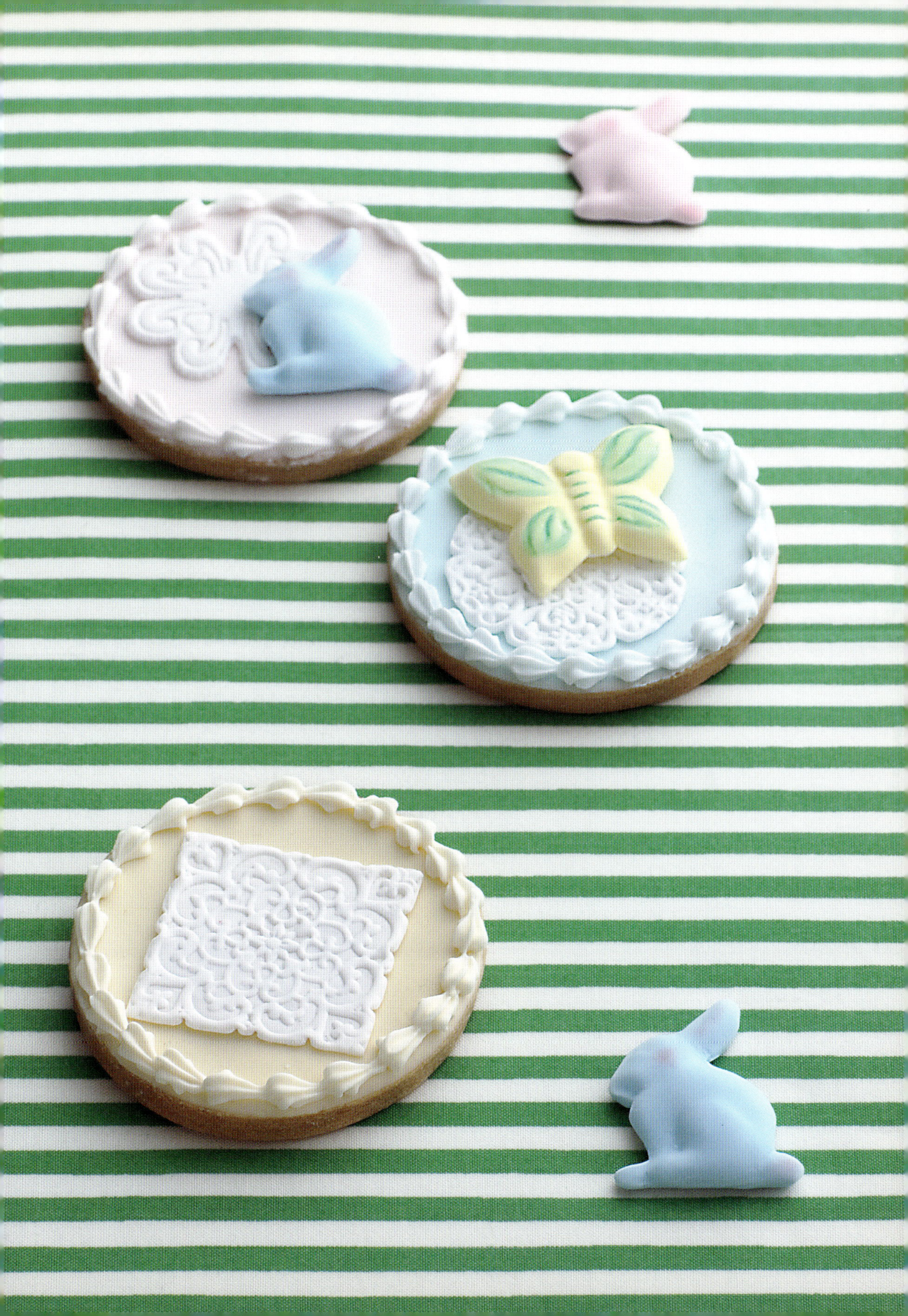

5 Mother's Day …

May

母の日　お母さんへの「ありがとう」は、砂糖でできたカーネーションで

材料

基本のクッキー ● P21（約21cm×21cm 2枚）
| カゴ型、スプーン型で抜いたもの

アイシング ● P22（約300g）
| バスケット用［固め］（白）‥‥約6割
| コーティング用［ゆるめ］（白、薄いピンク、薄いロイヤルブルー）‥‥適量
| 模様用［固め］（白）‥‥適量
| 文字用［固め］（ピンク、ロイヤルブルー）‥‥適量
| 葉っぱ用［固め］（薄いリーフグリーン）‥‥適量
| 接着用［固め］‥‥少量

シュガーペースト ● P56（適量）
| 薄いピンク、ピンク、薄いロイヤルブルー、ロイヤルブルー

その他
| 卵白‥‥少量

道具

スプーン、絞り出し袋、片目口金、コルネ、ボード、スポンジパット、
アルミホイル、爪楊枝、ローリングピン、抜き型（カーネーション）、
ラップまたは乾燥防止マット、ナイフ、筆、木の葉口金

1　コーティング用アイシング（白）を、
スプーンを使ってカゴ型クッキーに薄く塗る。
2　バスケット用アイシングを片目口金をつけた
絞り出し袋に入れて、バスケットを絞る(a)。● P31
3　模様用アイシング（白）をコルネに入れて、持ち手部分をジグザグに絞る(b)。
4　コーティング用アイシング（薄いピンク）をコルネに入れて、
スプーン型クッキーのアウトラインを引いてから、内側を塗りつぶす。
乾いたら、文字用アイシング（ピンク）をコルネに入れて、文字を描く(c)。
ロイヤルブルーも同様に作る。
5　シュガークラフトパーツ・ミニカーネーションを作る。● P63／他の色も同様に作る。
6　接着用アイシングをコルネに入れて、3の持ち手のつけ根あたりに
山盛りに絞り(d)、バランスを見ながら5を接着する(e)。
接着用アイシングが足りなくなったら、その都度足す。
7　葉っぱ用アイシングを木の葉口金をつけた
絞り出し袋に入れて、葉っぱを絞る(f)。● P30

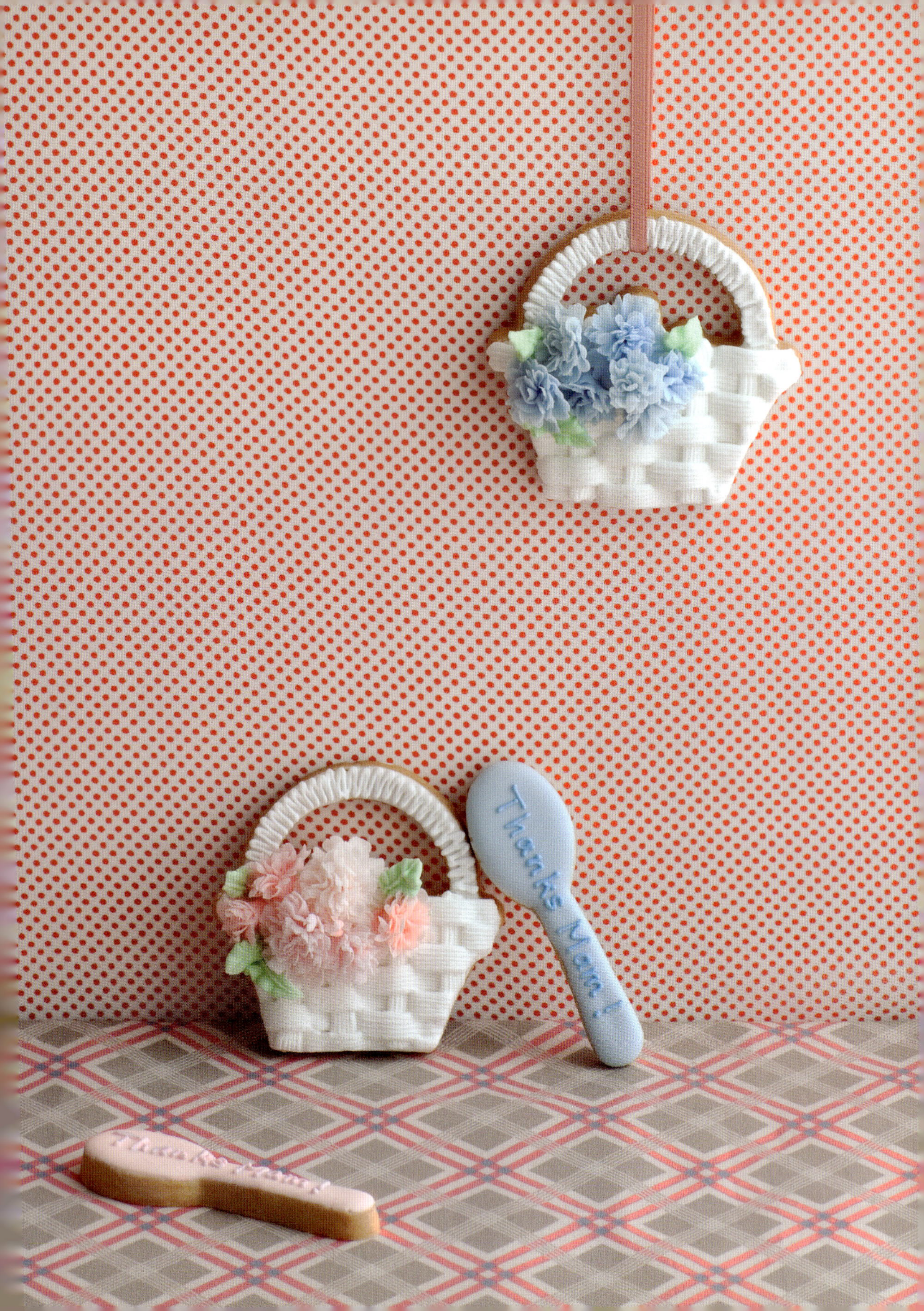
Thanks Mam !

6 June Bride ..。

ジューンブライド　甘いリングに誓う、輝かしい2人の未来

June

材料

基本のクッキー ● P21（適量）
| 大きさの違う2種の丸型で抜き、指輪型にしたもの

アイシング ● P22（適量）
| 宝石用［中間］（白）‥‥適量
| 接着用［固め］‥‥少量

シュガーペースト ● P56（適量）
| 白、薄いピンク

デコ素材
| アラザン（大、小）

その他
| 卵白‥‥少量

道具

ボード、ローリングピン、ナイフ、筆、コルネ、OPPシート

1　シュガークラフトパーツ・リボンを作る。● P60／1-4の工程のみ。
薄いピンクも、同様に作る。
2　宝石用アイシングをコルネに入れて、
OPPシートの上に直径1.5cm程度に絞る。
3　2の中心にアラザン（大）を軽く押しつけて接着する(a)。
4　その周りを2周、アラザン（小）をピンセットなどで
軽く押しつけながら接着し(b)、さらにその上にも、
間隔をあけてアラザン（小）をつける(c)。押しつけすぎると
アイシングに埋もれてしまうので注意。同じものをもうひとつ作る。
5　4が乾いたらOPPシートからはがし、接着用アイシングを
コルネに入れて底に絞り、1のリボンの中央に接着する(d)。
6　5が乾いたら、接着用アイシングをコルネに入れて
裏に絞り、クッキーに接着する。
7　ココットなどにくしゃくしゃにしたティッシュを詰め、
6を立てかけて乾かす(e)。

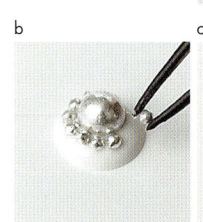

Fortune-Telling
BOOK FOR BRIDES

7 The Star Festival...

July

七夕　カラフルな星々が、素敵な願いごとを夜空へ運ぶ

材料

基本のクッキー ● P21（約21cm×21cm 2枚）
| 星型、流れ星型で抜いたもの、
| 長方形にナイフで切りストローで紐を通す穴をあけたもの

アイシング ● P22（約250g）
| コーティング用［ゆるめ］（好みの色 *1）

シュガーペースト ● P56（適量）
| 好みの色 *2

道具

ボード、ローリングピン、抜き型（星）エンボススタンプ、コルネ

1　シュガーペーストをのして星の抜き型で抜き（a）、
すぐにエンボススタンプを押して模様をつける（b）。
同じものを好きな数だけ作る。

2　コーティング用アイシングをコルネに入れて、
長方形クッキーのアウトラインを引いてから、内側を塗りつぶす。

3　2が乾かないうちに1を散りばめる（c）。乾いたら、穴に紐を通す。

4　星型、流れ星型クッキーも2-3と同様に作る。

*1　写真は濃いピンク、ロイヤルブルー、レモンイエロー
*2　写真はロイヤルブルー、レモンイエロー

a

b

c

○ ○ ○ ○ ○ ○ ○ ○ ○ ○

How to Use

アイシング［固め］をコルネに入れて、
短冊にみたてたクッキーに、願いごとを描いて。
子どもと一緒に楽しんでも。

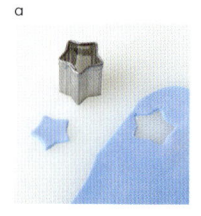

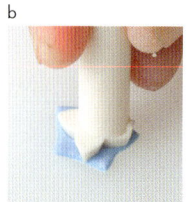

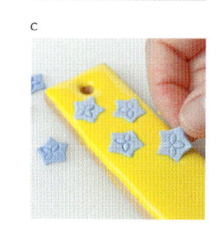

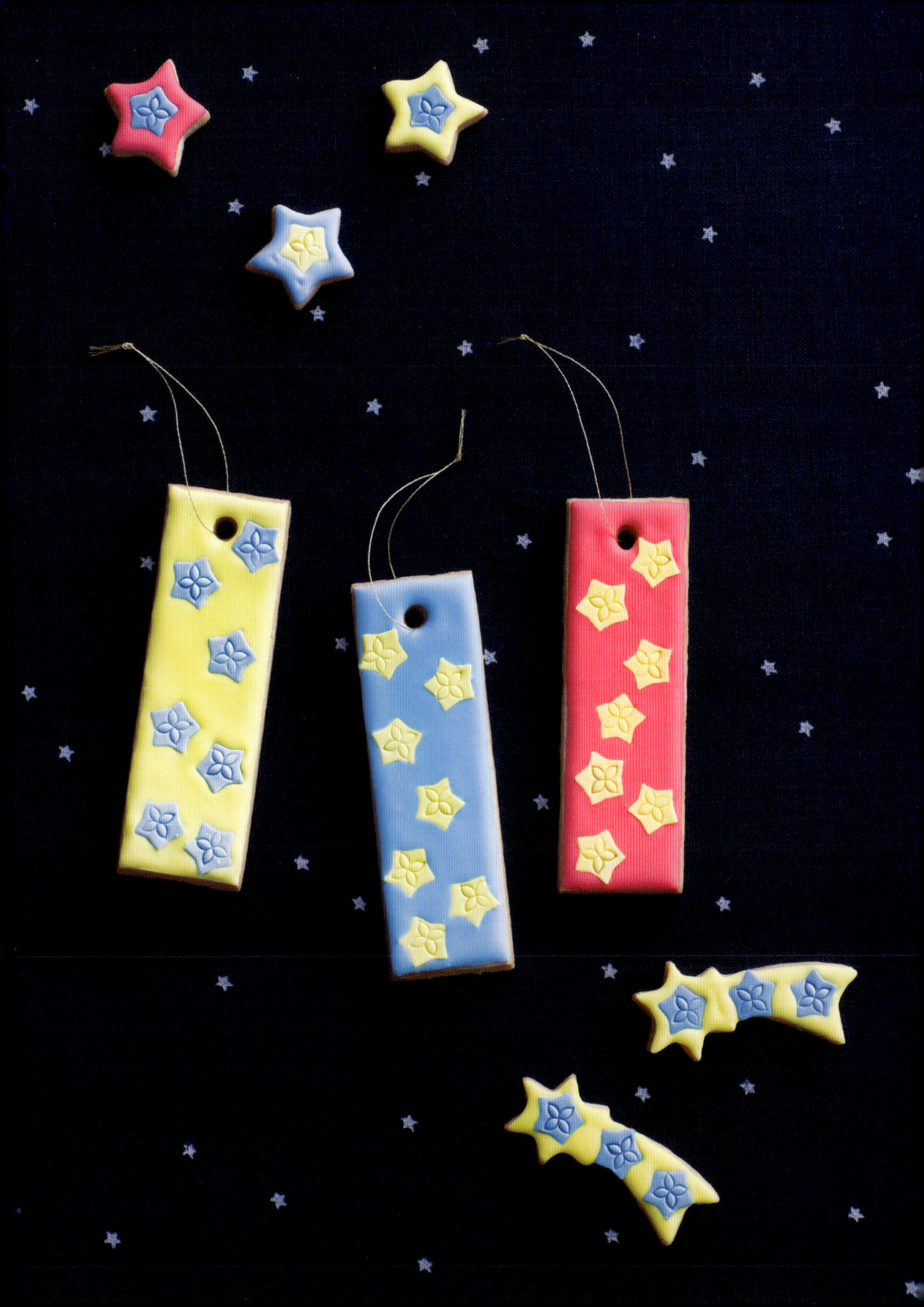

8 The Sea ..。

August

海　夏の海で見つけた、キラキラと光る貝殻たち

材料

基本のクッキー ● P21（約21cm×21cm 2枚）
| 貝殻型にしたもの
アイシング ● P22（約250g）
| コーティング用［ゆるめ］(水色、
　薄いピンク、薄いケリーグリーン)‥‥ほぼ全量
| 接着用［固め］‥‥少量
シュガーペースト ● P56（適量）
| 白
デコ材料
| カラーシュガー（ブルー、ピンク、ダークグリーン）
| 銀箔シュガー
その他
| 卵白‥‥少量

道具

菊型、型紙 ● P34／クッキー用、ナイフ、コルネ、ボード、爪楊枝、筆

準備

○ 菊型と型紙で貝殻クッキーを作る　● P35
1　貝の型紙をかたどったプラスチックシートを作る。
2　クッキー生地を菊型で抜き、1をあてて、ナイフで下部だけ切り取る(a)。途中で生地がやわらかくなるようであれば、冷凍庫に入れてしっかりと固めてから作業する。

1　コーティング用アイシング（水色）をコルネに入れて、クッキーのアウトラインを引いてから、内側を塗りつぶす。
2　1が乾かないうちにカラーシュガー（ブルー）を上部5mmほどあけて全体にまぶす(b)。クッキーを立てて余分なシュガーを落とす(c)。空いた部分に銀箔シュガーをまぶす(d)。
3　2に爪楊枝を押しあてて、貝殻のでこぼこ模様をつける(e)。
4　ピンク、グリーンの貝殻も1-3と同様に作る。
5　シュガーペーストを小さく丸めて爪楊枝を刺し、卵白を筆で薄く塗ってから(f)、銀箔シュガーをまぶす(g)。発泡スチロールなどに爪楊枝を刺して乾かす。
6　接着用アイシングをコルネに入れて、クッキーの好きな部分に絞り、5の真珠を接着する。

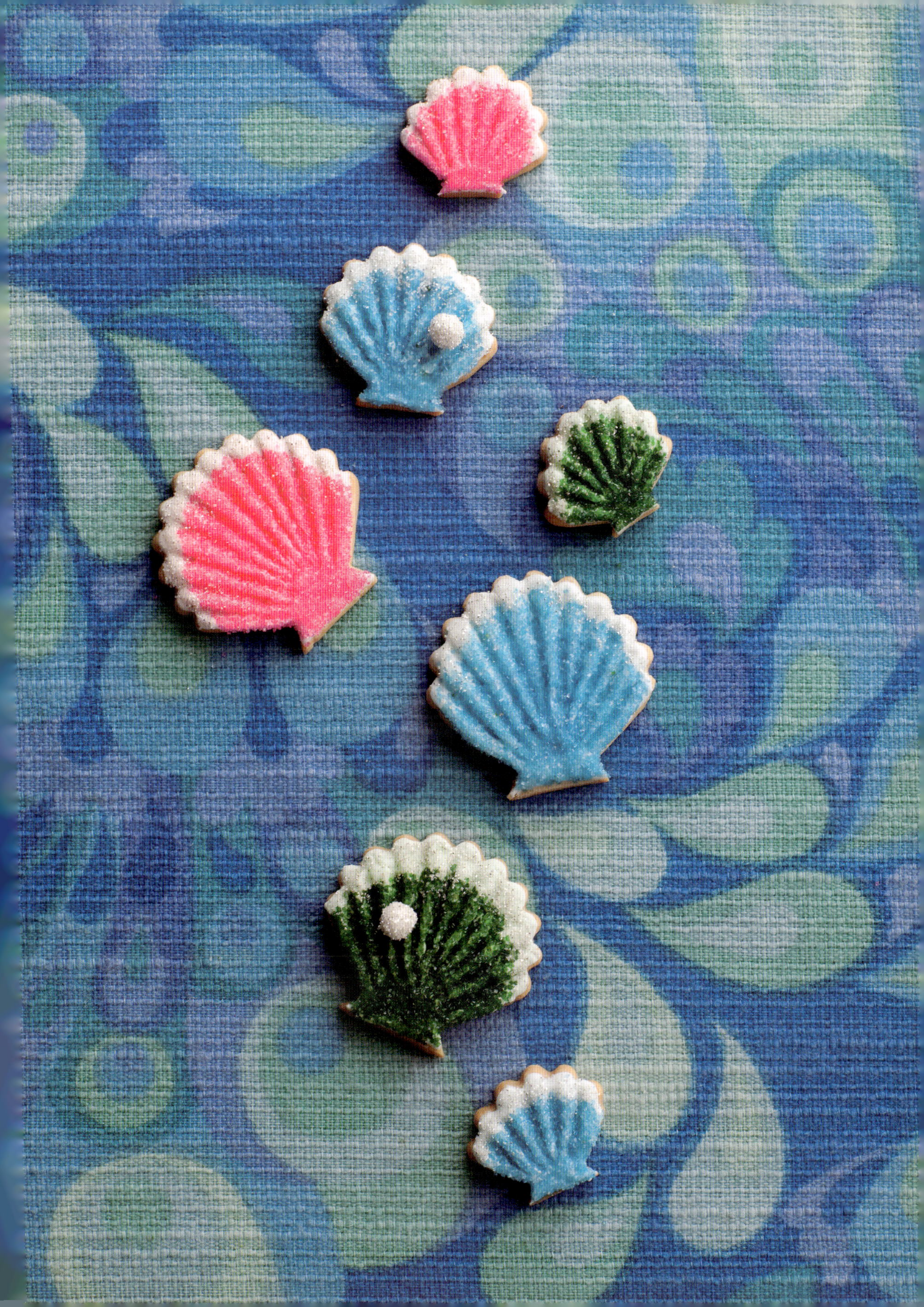

9 Moon Viewing ..．

September

お月見　十五夜の月を見上げて、風流な夜のお茶会

材料

基本のクッキー ● P21（約21cm×21cm 2枚）
| 丸型、うさぎ型で抜いたもの
アイシング ● P22（約250g）
| コーティング用［ゆるめ］（薄いピンク、
| ゴールデンイエロー、黄緑）‥‥約9割
| アウトライン用［固め］（薄いピンク）‥‥適量
その他
| ダスティングパウダー（好みの色 *1）
| アルコールまたは無色の蒸留酒

道具
コルネ、スプーン、筆

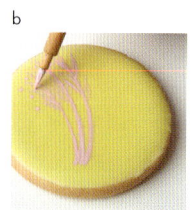

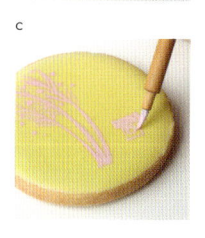

a

b

c

1　アウトライン用アイシングをコルネに入れて、
うさぎ型クッキーのアウトラインを引き、コーティング用アイシング
（薄いピンク）をコルネに入れて、内側を塗りつぶす。
2　コーティング用アイシング（ゴールデンイエロー、黄緑）を、
それぞれスプーンを使って丸型クッキーに塗る。
3　1と2が乾いたら、ダスティングパウダーをアルコールで溶いて
好きな色を作り(a)、筆につけて、ススキ、うさぎ、月見団子の絵を、
それぞれのクッキーに絵の具で絵を描くように描く(b,c)。

*1　写真はホワイト、プラム、レモンイエロー。
ホワイトとプラムを混ぜてピンクにしている。

○ ○ ○ ○ ○ ○ ○ ○ ○ ○ ○

Wrapping Idea

1　透明のボックスに、くしゃくしゃにした
半紙などを敷き、アイシングクッキーを入れてふたをする。
2　折り紙など柄のついた紙を帯状に切り、1の
上から巻きつけ、底の位置でセロハンテープでとめる。
3　さらにその上からリボンを結ぶ。

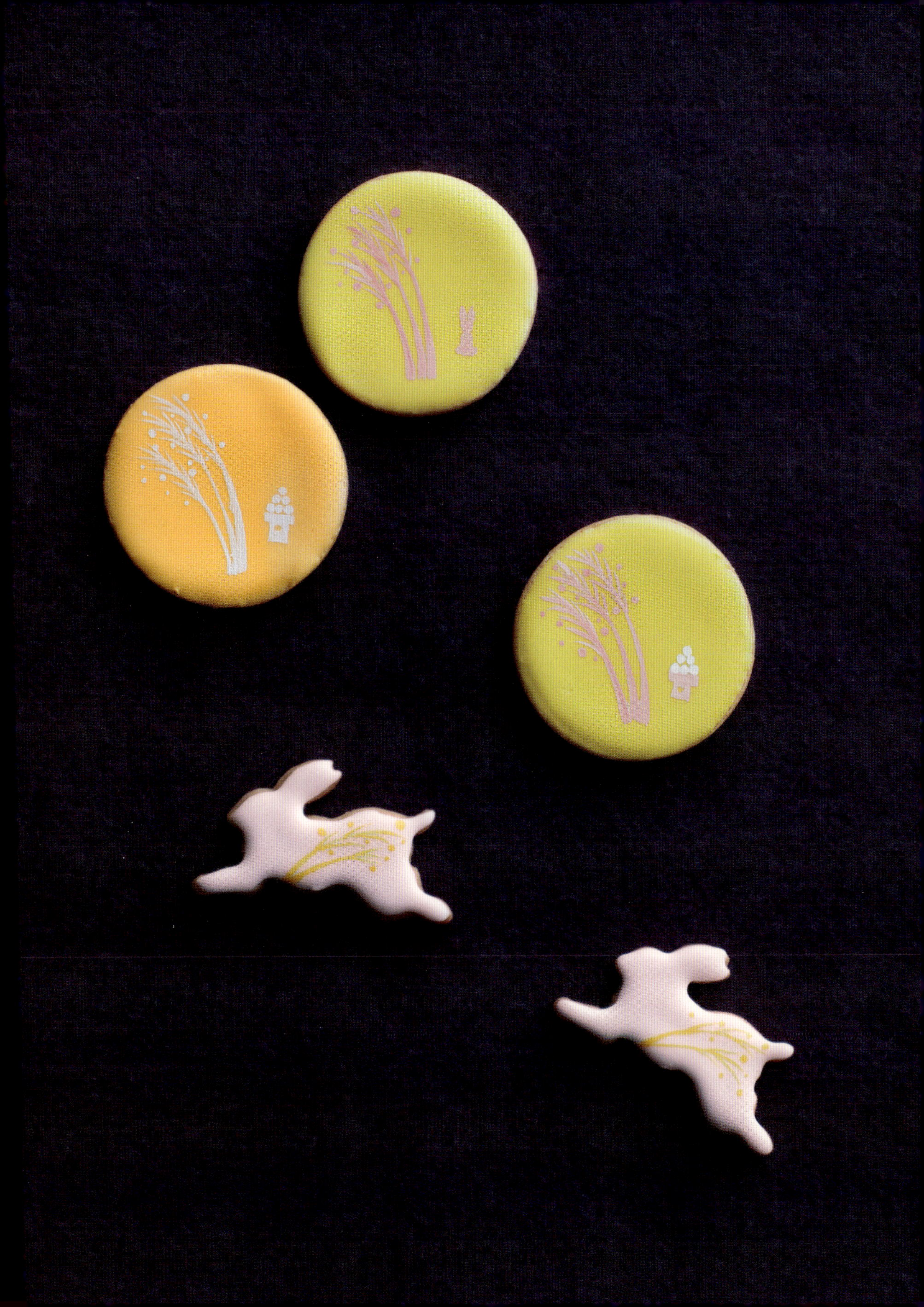

10 Halloween ..。

October

ハロウィン 「Trick or Treat!（お菓子をくれなきゃいたずらするぞ!）」

材料

基本のクッキー・ココア ● P21（約21cm×21cm 2枚）
| 月型、かぼちゃ型、猫型、
| キャンドル型で抜いたもの
アイシング ● P22（約250g）
| コーティング用［ゆるめ］（ゴールデンイエロー、
| ブラウン、オレンジ、ブラック）‥‥約8割
| アウトライン用［固め］（ブラック）‥‥適量
| 模様用［ゆるめ］（白、クリーム）‥‥適量
| 接着用［固め］‥‥少量
シュガーペースト ● P56（適量）
| ブラック、白

道具
コルネ、爪楊枝、ボード、
ローリングピン、抜き型（こうもり、おばけ）

○月
コーティング用アイシング（ゴールデンイエロー）をコルネに入れて
月型クッキーのアウトラインを引いてから、内側を塗りつぶす。

○かぼちゃ
コーティング用アイシング（ブラウン、オレンジ）を
それぞれコルネに入れて、かぼちゃ型クッキーの上部と残りを月と同様に塗る。
乾かないうちに爪楊枝を上から下へ引いて、模様をつける(a)。

○猫
アウトライン用アイシングをコルネに入れて、
猫型クッキーのアウトラインを引き、コーティング用アイシング（ブラック）を
コルネに入れて、内側を塗りつぶす。乾かないうちに模様用アイシング（白）を
コルネに入れて、猫の目を描き、爪楊枝でつり目にする(b)。
続けて背中部分にラインを2本引き(c)、矢羽根を描く(d)。
● P29／爪楊枝は一方向から引く。

○キャンドル
コーティング用アイシング（ゴールデンイエロー）をコルネに入れて、キャンドル型
クッキーのアウトラインを引いてから、内側を塗りつぶす。オレンジの炎も
同様に塗る。乾いたら模様用アイシング（クリーム）をコルネに入れて、蝋を描く(e)。

○こうもり、おばけ
シュガーペースト（ブラック）をのして、こうもりの抜き型で抜く。
乾いたら、接着用アイシングをコルネに入れて裏に絞り、月に接着する(f)。
シュガーペースト（白）をのして、おばけの抜き型で抜く。

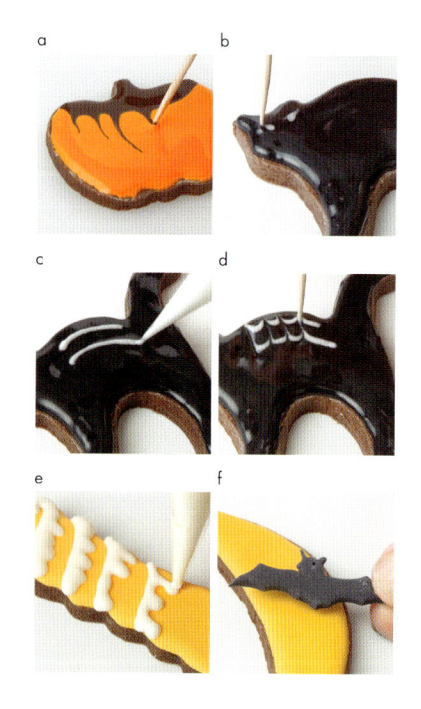

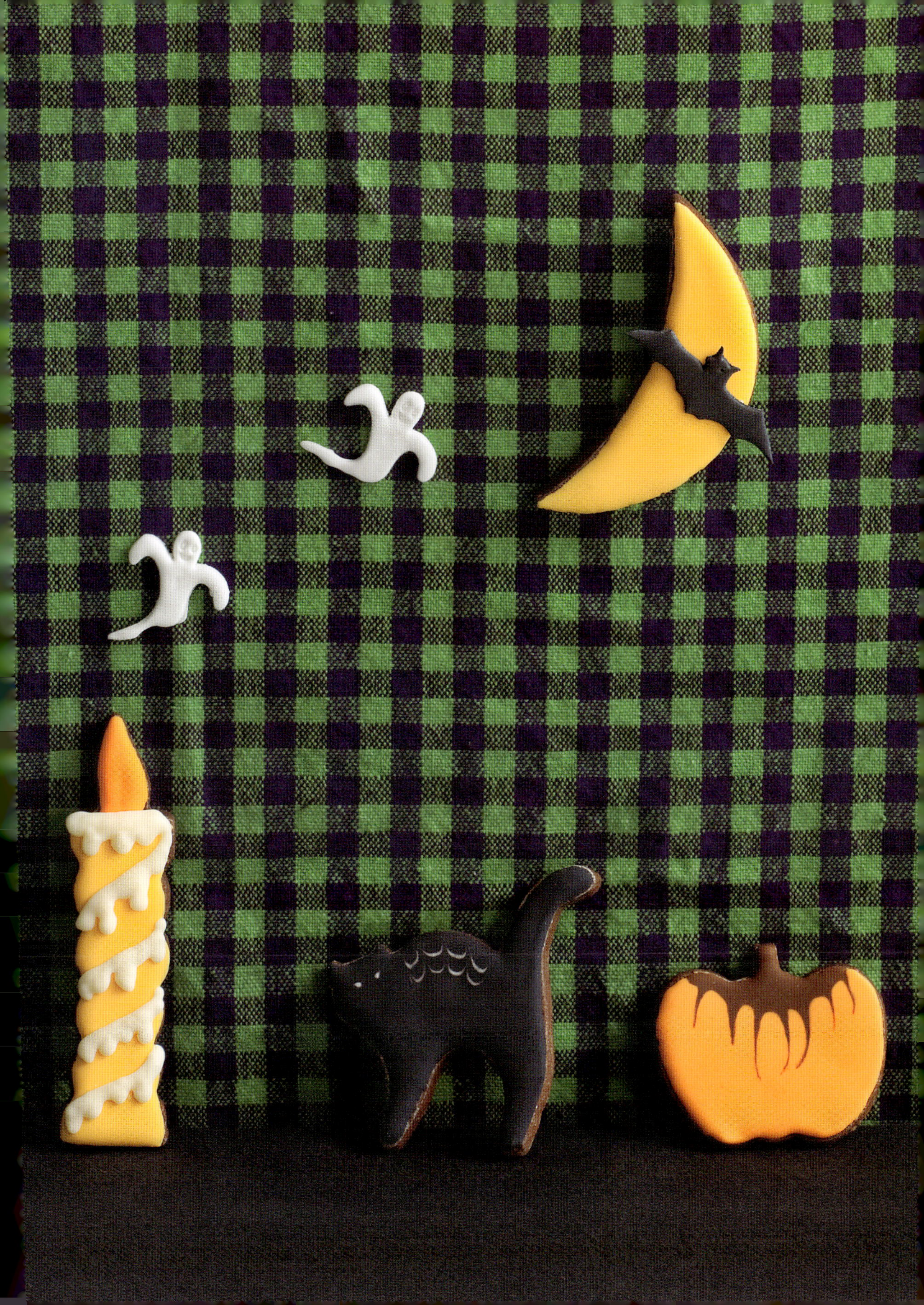

11 The Forest ..。

November

森の贈り物　甘いにおいが漂う森には、秋からの贈り物がどっさり

材料

基本のクッキー● P21 (約21cm×21cm 2枚)
| 木の葉型で抜いたもの、木の葉型に切ったもの

アイシング● P22 (約250g)
| コーティング用 [ゆるめ] (モスグリーン、
| ブラウン、黄土色)‥‥約8割
| 模様用 [固め] (黄土色)‥‥適量
| 模様用 [ゆるめ] (黄土色、モスグリーン)‥‥適量
| 接着用 [固め]‥‥少量

シュガーペースト● P56 (適量)
| 薄茶、クリスマスレッド、モスグリーン、
| ブラウン、黄土色

その他
| 卵白‥‥少量

道具

型紙● P34、コルネ、ボード、爪楊枝、筆

1　コーティング用アイシング (モスグリーン) をコルネに入れて、
木の葉型クッキーにアウトラインを引いてから、内側を塗りつぶす。
乾かないうちに模様用アイシング [ゆるめ] (黄土色) を
コルネに入れて、大小のドットを描く (a)。● P29

2　他の色のコーティング用アイシングも同様に塗り、乾いたら
模様用アイシング [固め] をコルネに入れて、輪郭や葉脈を描く (b)。

3　シュガーペースト (薄茶) を涙型にしてきのこの柄を作る。
底に爪楊枝を刺す (c)。

4　シュガーペースト (クリスマスレッド) を丸め、手のひらの上で
指で軽く押さえ、ドーム型にしてきのこの傘を作る (d)。

5　3の先端に筆で薄く卵白を塗り、4に刺して接着する (e)。発泡スチロールなどに
爪楊枝を垂直に刺して乾かす。完全に乾かすと爪楊枝が抜けなくなることが
あるので、ペーストがある程度固まったら爪楊枝を外す。

6　シュガーペースト (薄茶) を楕円状にしてドングリの実を作る。

7　シュガーペースト (モスグリーン) を丸め、親指と人差し指で
軽くつまみ、中心を尖らせて、どんぐりの傘を作る (f)。

8　7が乾かないうちに、6の先端に筆で薄く卵白を塗り、接着する (g)。

9　きのこ、どんぐりを他の色でも同様に作り、
接着用アイシングをコルネに入れて、いくつかに絞る。
1と2のクッキーの好きな場所に接着する。

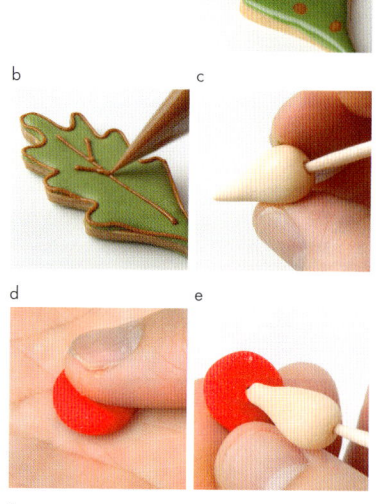

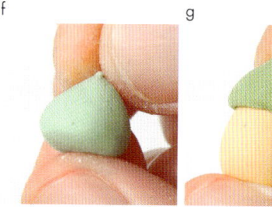

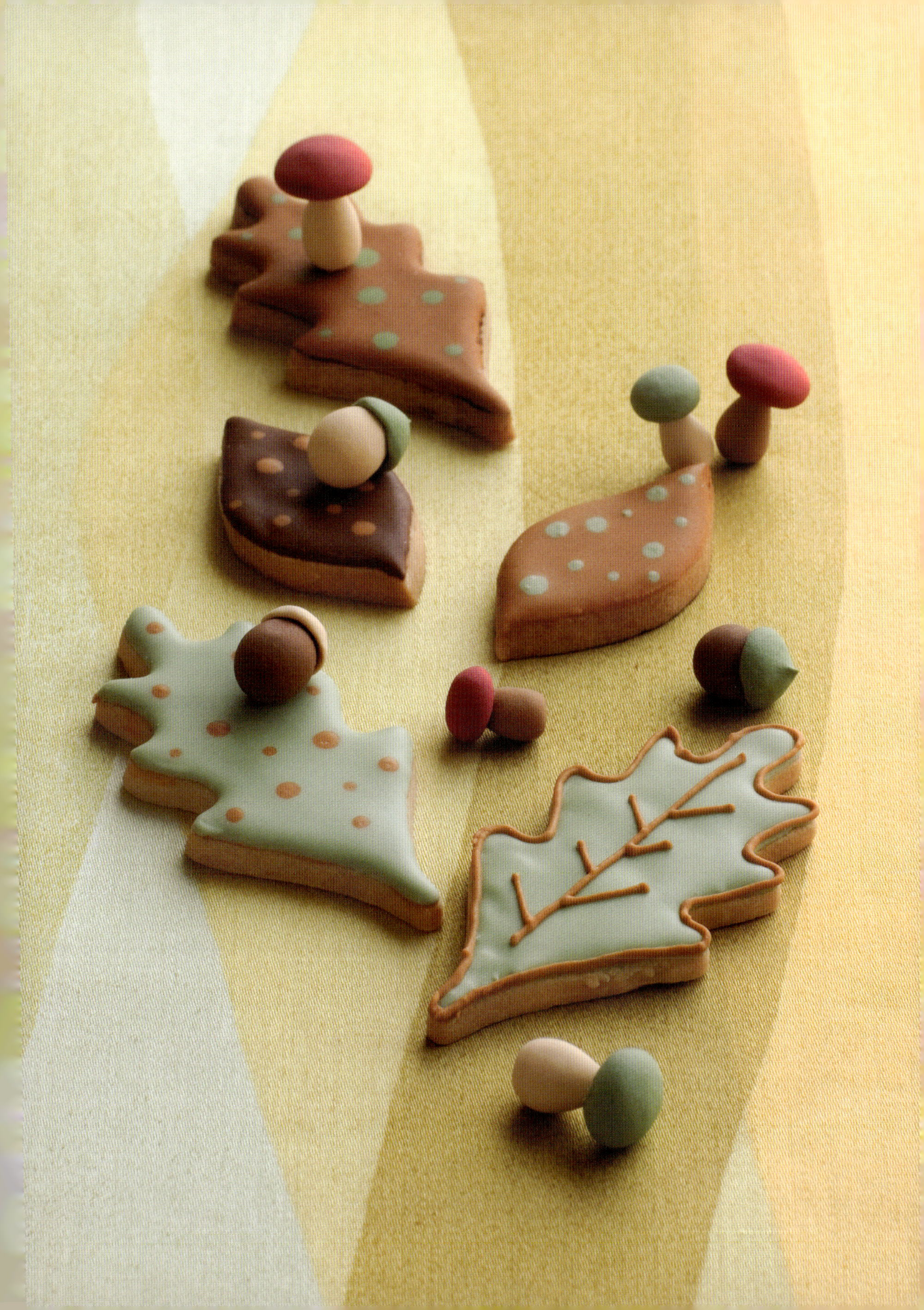

12 Christmas ...

December

クリスマス　雪の結晶がきらめく、世界一幸せなホワイトクリスマス

材料
基本のクッキー ● P21（約21cm×21cm 2枚）
| 様々な雪の結晶型で抜いたもの *1
アイシング ● P22（約250g）
| コーティング用[ゆるめ]（白）‥‥約8割
| アウトライン用[固め]（白）‥‥適量
| 模様用[固め]（白）‥‥適量
デコ材料
| グラニュー糖、金箔シュガー

道具
コルネ

1　アウトライン用アイシングをコルネに入れて、クッキーの
アウトラインを引き、コーティング用アイシングで内側を塗りつぶす。
2　1のいくつかに、乾かないうちにグラニュー糖と金箔シュガーを少量ふる(a)。
3　1のいくつかは、乾いてから、模様用アイシングを
コルネに入れて、好きな模様を描く(b)。模様が乾かないうちに、
グラニュー糖と金箔シュガーをふる。

*1　いくつかは、ストローでリボンを通す穴をあけておく

How to Use
穴をあけた雪の結晶にリボンを通し、
クリスマスツリーやリースのオーナメントとして飾る。

Ayami Shimosako
下迫 綾美

菓子専門フードコーディネーター、製菓衛生士。
洋菓子店勤務を経て、独立。雑誌や書籍などで活躍する傍ら、
自宅で少人数制のお菓子教室も開く。目にも楽しい華やかなお菓子レシピには
定評があり、ラッピングなどトータルな楽しみ方も提案している。
著書に『ラブリーでおいしい シュガークラフト&スイーツ』(アップオン)、
『JAM SWEETS BOOK』(主婦と生活社)、『ラスクの本』(グラフ社)などがある。
http://thinglike.com/

○ 製菓材料、道具協力店

クオカ　製菓材料、クッキーの抜き型の協力
tel. 0120-863-639　http://www.cuoca.com/

アントレ クラフト　口金の協力
tel. 03-5428-3133　http://www.viceversa-e.com/realshop/wiltonclass/
東京都渋谷区代官山町13-6

nut2deco　クッキーの抜き型の協力
tel. 03-5788-2826　http://www.nut2deco.com/ (通販のみ)

○ アイシングクッキー&プチシュガークラフトの材料と道具が購入できる店

ウィッチクラフト
tel. 03-5430-8350　http://www.witchs.net/
東京都世田谷区代沢4-26-9

おかしの森
tel. 03-3841-9009　http://www.okashinomori.com/
東京都台東区松が谷1-11-10

キッチンマスター
tel. 0422-41-2251　http://www.kitchenmaster.jp/
東京都武蔵野市吉祥寺南町1-9-10

フレーバーランド　製菓用色素など
tel. 03-3841-9400　http://www.flavor-land.com/
東京都台東区西浅草1-5-16

cotta　OPPシートなど
tel. 0120-801-505　http://www.cotta.jp/ (通販のみ)

＊本書で使っている道具や材料が、販売終了になる場合がありますことをご了承ください。

読者のみなさまへ
本書の内容に関するお問い合わせは、
お手紙かメール(info@TG-NET.co.jp)にて承ります。
恐縮ですが、電話でのお問い合わせはご遠慮ください。

撮影　　　　　　　　結城剛太、奥田晋也
スタイリング・ラッピング　澤入美佳
デザイン　　　　　　櫻井久、坂詰佳苗
　　　　　　　　　　櫻井事務所
企画・編集　　　　　吉田真緒、筋田千春、平山陽介
　　　　　　　　　　ケイ・ライターズクラブ

とびきりスイートなハンドメイド
みんなにあげたい
おめかしクッキーの本

平成22年10月10日　初版第1刷発行

著者　　下迫綾美
編集人　井上祐彦
発行人　穂谷竹俊
発行所　株式会社　日東書院本社
〒160-0022　東京都新宿区新宿2丁目15番14号　辰巳ビル
tel. 03-5360-7522 (代表)
fax. 03-5360-8951 (販売部)
http://www.tg-net.co.jp/
印刷所・製本所　三共グラフィック株式会社

本書の無断複写(コピー)は、著作権法上での例外を除き、
著作者・出版社の権利侵害となります。
乱丁・落丁はお取り替えいたします。小社販売部までご連絡ください。
© Ayami Shimosako 2010.Printed in Japan
ISBN978-4-528-01997-3 C2077